民商法论丛
Civil and Commercial Law Series

● 章程 著

民法学的地平线
——继受民法学与公私法的接轨

Civil Law on the Horizon: Transplantation and Transfomation

北京大学出版社
PEKING UNIVERSITY PRESS

图书在版编目(CIP)数据

民法学的地平线:继受民法学与公私法的接轨/章程著. —北京:北京大学出版社,2021.9

(民商法论丛)

ISBN 978-7-301-32464-6

Ⅰ.①民… Ⅱ.①章… Ⅲ.①民法—法的理论—研究—中国 Ⅳ.①D923.01

中国版本图书馆 CIP 数据核字(2021)第 178823 号

书　　　名	民法学的地平线——继受民法学与公私法的接轨 MINFAXUE DE DIPINGXIAN ——JISHOU MINFAXUE YU GONGSIFA DE JIEGUI
著作责任者	章　程　著
责 任 编 辑	邓丽华
标 准 书 号	ISBN 978-7-301-32464-6
出 版 发 行	北京大学出版社
地　　　址	北京市海淀区成府路 205 号　100871
网　　　址	http://www.pup.cn
电 子 信 箱	law@pup.pku.edu.cn
新 浪 微 博	@北京大学出版社　@北大出版社法律图书
电　　　话	邮购部 010-62752015　发行部 010-62750672　编辑部 010-62752027
印 刷 者	三河市北燕印装有限公司
经 销 者	新华书店
	965 毫米×1300 毫米　16 开本　12.5 印张　162 千字 2021 年 9 月第 1 版　2021 年 9 月第 1 次印刷
定　　　价	36.00 元

未经许可,不得以任何方式复制或抄袭本书之部分或全部内容。
版权所有,侵权必究
举报电话:010-62752024　电子信箱:fd@pup.pku.edu.cn
图书如有印装质量问题,请与出版部联系,电话:010-62756370

序:有心与功夫

茅少伟

　　散落的珍珠,大小、质地、光泽不同,各美其美,未必一定要串成链才能彰显其价值。文章也是如此。那些写于不同的时间、空间,各有不同的缘由、追求,体现作者求知问学不同阶段的文章,经常也各有其气息和命运,未必需要聚拢在一起。但是,倘若确有一两条清晰的线索,能够自然地牵连文章内部的脉络,并通过这种串联和整合,充实其内容,光辉其思想,对于读者显然是一种便利,而对于作者则更有一种难言的喜悦。

　　我在读章程兄这本以旧文为基础的新作时,就感受到了他的这种喜悦。他用"继受民法学"和"公私法接轨"这两条线索,汇聚多年的观察、思索和想象,向我们呈现他眼中"民法学的地平线"。这两条线索是如此重要,而又如此自然,恐怕不是"妙手偶得"能够解释的。这样的举重若轻,至少需要两个条件:一是"有心",二是"功夫"。

　　章程自谦从民法教义学的主流看,这些研究只能算"歧出的异色"。而在我看来,这种"歧异",正是"有心",体现了独到的眼光、宽广的视野和深刻的关切。

　　过去一二十年来,民法学,乃至大多数部门法学的发展,主要体现为"教义学的转向",以及在这种方法转向基础上法教义学知识的迅速积累。这当然有内外多重动力,例如规范密度的大幅度提升(立法)、学术界的代际更新与背景变迁(学术)、日新月异的交易及法律实践对知识和方法供给的冲击(实务)等。以结果而论,其影响,从立法(法律制度的继受)延及司法(法学方法的继受),从研究(如法律评注作品的兴起)延及教学(如鉴定式案例分析方法的推广),蔚为大观。这当然是重大的进步,且其潜力远未用尽。

然而，当前呈现在我们面前的却是一幅更加微妙的矛盾图景。一方面，法教义学的潜力未尽，甚至在继续攻城略地，看上去势头正盛；另一方面，法教义学的发展已显露出几分疲态。主要的问题还并不是外部（例如社会科学）的挑战，而是内部的乏力。章程提炼的这两条线索，正反映了民法教义学疲态渐露的重要原因，即在纵向上，忽视了继受法学复杂的历史脉络；在横向上，忽视了以公私法接轨为典型的跨法域教义学的宽度。

经过了"教义学转向"的部门法学，仍然行驶在继受法学的历史轨道上。从制度到学说，从学说到方法，从纸面到实践，从研究到教学，确实是继受法学道路上多层次的深化。但每往前走一步，每往深处走一步，也就是每往现实走一步，具体、真实的约束也就愈发显著。我国台湾地区和日本都是继受法学道路上的先行者。正是这些先行者的历史经验和教训告诉我们，在最初的高歌猛进之后，进一步的调和、适应、内化、再生的工作，要更加实质，也更加困难。事实上，无论是以四十多年、七十多年，还是以一百多年为尺度看，中国的法律现代化始终是一个多重继受、多方影响、多因多果的复杂进程，历史与现实交织，妥协与激进并存，演化至今，已经不可能像在白纸上作画一样接受任何单一的继受方案。更重要的是，法律深深嵌于其所处的特定时空之中，社会、历史、政治的现实，意味着无论是立法还是司法，无论是法学研究还是法学教育，都面临真实的历史和真实的现状所构成的现实的约束，意味着我们只可能以一种更包容、更回归根本、更有创造力的方式达致目标，而绝无可能照着哪个模板轻松"抄答案"。缺乏对于前提（问题意识）、条件（运作环境）和目标（价值判断）的足够深刻和全面的反思，法教义学的危机实则早已潜藏在其繁荣之中。

"危机"的一个重要体现，就是法教义学内部对话能力和协调能力的孱弱，例如公法与私法之间，实体法与程序法之间，乃至民法与商法之间等。这种孱弱揭示了我国法教义学发展的两个"相辅相成"的"软肋"：一是基础共识的稀薄，不同学科的发展依赖于不同的继受路径，跨"路径"的理解与对话困难重重；二是实质论证的稀缺，一旦离开习惯的路径、体系和形式，离开"母法"，似乎就很难运用"方法"给出高质量的论证。

公私法接轨的问题尤为重要和典型。如果固守传统民法学的核心，公私法接轨显然只是"边缘"问题。如果放眼当下市场经济和社会治理的实情，则公私法接轨已是现代民法学不得不全力应对的根本问题。以上说法还只是一般理论,中国的实际情况则更加复杂。如果说,很多国家的历史是先成熟的民法要"容让"后起的公法,并统一于宪法价值下调适两者的互动;我国法制发展的历史则更加曲折,后起的民法恰恰是在改革开放进程中随着公权力的"容让"而逐步获得生存、发展的空间,在发展过程中又同时面临现代公法的勃兴及因此带来的复杂调适问题,可谓"先天不足"而又"后天失调"。因此,从一般理论来讲,公私法接轨的问题已经深刻重塑了现代民法学的面貌;从我国实际情况来讲,公私法接轨更关乎整体的法治建设,关乎民法的生存空间和功能发挥,任务艰巨,意义重大。公私法的"楚河汉界",不得不跨;而一旦跨过去,也确实别有洞天。一方面,教义学基本体系框架的意义凸显,例如,公法不妨"假借"民法概念以增加其规范运作的精密度。另一方面,教义学方法的局限也凸显,例如,对于转介公法来评价法律行为效力的疑难案件,无论是知识的汲取、价值的调和,还是方法的操作,都依赖更加实质而非形式化的探究与论证。

不得不说,即便感知到了这两条线索的重要性,要真正把握住,也并不容易,需要学者具有考辨源流、出入"公(法)""私(法)"的硬"功夫"。令人羡慕和钦佩的是,这两手硬"功夫",章程"恰好"都具备。他在南京大学得遇明师,埋下因缘。后又负笈日本和我国台湾地区,对两地继受法学的历史和现状均有细致而深入的观察。由于师长的影响和本人的兴趣,他在读博期间又打下了扎实的公法基础。章程的求学经历不待我赘述,这里只是想说明这些"功夫"的养成绝非偶然。而作为同龄人,予我更深的启发是,要养成什么样的"功夫",亦非偶然。章程的求学经历里最难能可贵的,也许是被真实的问题和关切所驱动的一种"自觉"。正是这样的"自觉"得之于心,促使他养成了应之于手的真"功夫"。

* * *

无论是求学经历还是知识构成,我与章程都相当不同。然而,他新作付梓,嘱我作序,我也没有感到惊讶。虽然没有章程这几手令人羡慕的"功夫",但我们无疑分享了许多对于法学研究、法学教育和法治发展的关切。这些共同的关切以及疑虑,让我们经常尽管是从不同的角度切入问题、思考问题,但最终的观察和体会却"殊途而同归"。

不妨举个例子。在近几年的工作(尤其是教学)中,我格外注重案例法(case law)方法的应用。其目的当然不是想要挑战成文法在我国法律渊源中的主导地位,也不是想要挑战成文法方法(就当下来说,主要是法教义学方法)作为基本法学方法的主导地位,而在于通过案例法这样一个"他者"(其实,以历史的眼光看,对于中国法,法教义学又何尝不是一个"他者"呢?)来探究和体会成文法方法的不足。更准确地说,是在已经感知到某种"不足"的情况下,想要进一步理解"是什么""为什么"以及"怎么办"。

无论是成文法方法,还是案例法方法,作为法律适用方法,其基本目的与性质都是一致的——例如,两者都需要"目光在规范与事实之间往返流转",都使用三段论作为其最终表达形式(而非实际思维过程)。但两者在规范的表现形式、适用方式,尤其是"生产机制"方面确实存在重大差异,使得两者在方法上各有侧重,并逐渐演变成不同的风貌。例如,成文法(尤其是法典)的"生产"是高度集中性的,人力的集中,智慧的集中,机遇的集中,取精用宏,想象丰富,而最终成其规模。案例法的"生产"则是高度分散性的,法官作为"立法者"本身是分散的,通过案例来"立法"的机遇、时间更是分散的,"临事而作",缺乏通盘、融贯的设计。这些差异深刻影响了法律实践、教学和研究的样式。其中,两者在方法取向和知识过程上的差别尤其值得重视,不妨做一个难免过于简化的勾勒。

在方法取向上,比较而言,成文法方法始终更重视"规范",案例法方法始终更重视"事实"。在成文法方法下,"规范体系"首先是一个有形存在(外在体系),其次也是一个精神建构物(内在体系)。它在制作时固然充分吸收了过去的经验(包括案例),在运作过程中也通过各种管道和触角(一般条款、不确定性概念等)保持对案例所携带的新鲜经验的开放,但它本身确已足够丰富、复杂,有自我发展的倾向和动力。事实是无穷无尽的,而规范是有限的,以有限复杂的规范世界去把握无限复杂的世界,以此"建构"一个合乎正义要求的法秩序,正是其背后的深刻理念。在案例法方法下,离开案例根本无从谈论规则。案例天然的"去中心化"特征使得真正的"体系化"既不可能、更不必要,因此也就更加注重方法,即以事实(比较、辨异、类推)为首要处理对象的方法。久而久之,大家逐渐形成了成文法方法重"演绎"(从抽象规范到具体事实的"自上而下"倾向)、案例法方法重"归纳"(从具体事实到抽象规范的"自下而上"倾向)的印象——用这样截然两分的方式表达法律方法上的差异是不完整、不准确的,但以此表达法律学习上的差异则未必不可。

进而,成文法方法和案例法方法的运用包含了非常不同的知识过程。成文法的重心在规范,绝大多数法律问题的回答被认为已包含在制定法体系中,通过长期的法律实践,经由学术研究的总结,已被揭示了大半。因此,成文法下的法律适用过程主要是一个既有知识的应用过程,很少有可直接反馈于整个制定法体系的知识增量。在案例的不断刺激下,细节的增删仍是活跃、丰富的,但整座"知识大厦"基本稳固,很少动摇。要准确理解、表达、解决一个法律问题,通常意味着首先要准确界定这一法律问题在体系中的位置,因此首先必须学习、消化海量的先在的知识。教义学的讨论经常是概念化、技术性的,也并非因为其不考虑实质性问题,而是实质性的论证被包裹在形式化的论争之中。案例法缺乏成文法那种谨严的体系,作为沉淀结果的法学知识的系统性、稳定性和完备性要逊色很多,着眼于过程而非结果的方法重要性凸显。作为回报,缺少体系束缚也带来了重大的灵活性,导致一种极为不同的切入法律问题的方式。在思考法律问题时,不需要先考虑将其嵌入(因此也不受限于)一个先在、庞大的体系框架,同样也不期待从这种体系框架中"逼"出一个答案,而可以直面问题和论证。案例法的重心在事实,而事实总是千差万别的。因此,个案处理过程本身就是一个知识生产的过程,是一个发现问题、界定问题与解决问题同时进行的过程。

两种方法当然是各有千秋,利弊互现。以案例法方法作为"他者"观察,成文法方法一个内生的弱点,恐怕正是容易耽溺于规范世界的建构与演绎,而不够重视处理事实的方法。事实即是经验——"法律的生命不在于逻辑,而在于经验"。忽视了从无穷无尽、生生不息的事实中吸收新信息,成文法经常为人诟病的封闭倾向似乎也就难免。不过,如果成文法的基础是原生的法律,"重规范"这一倾向并不必然导致"轻事实"的结果,因为规范本身就来自于事实,来自于历史,来自于经验。最容易封闭、僵化、形式化的恰是继受而来的成文法——它庞大的体系同样望之俨然,却并非建筑在自身的历史与经验之上。

中国法的现代化过程迄今为止主要也是一个继受过程,呈现在方法操作和法学教育层面的"重规范、轻事实"倾向也有目共睹。但是,忽视事实取向的方法所带来的封闭性等弊病,在很长一段历史时期里,在一种奇妙的逻辑下,实际上被稀释了。过去几十年,中国社会的"事实"和"意识"都始终处于快速的变迁过程中,与被继受法制背后的社会意识和交易需要,在很多方面往往可以粗糙地吻合。从而,虽然不是直接从我们自己的土壤,但毕竟也是间接从他人的土壤里,吸取了重要的养分。换句话说,比较法所携带的丰富信息,很大程度上,不仅在规范层面、同时也在事实层面丰富了我们的法律思辨。但是,这毕竟是无源之水、无本之木,难以久恃。继受至今,规模初具,由大略上的"吻合"而带来的边际效用已低,由细节上的"不合"而带来的边际调适成本剧增。这说明继受法的后发优势恐已消耗殆尽,而后发劣势——尤其是智识上的封闭、惰性和依赖性——则特别值得警醒。

章程未必会同意我对案例法作为法律渊源和法律方法的意义的解读,但对最后的落脚点则显然不会反对,即需要充分理解继受法制历史的复杂性及对现实的影响;在"划部门而治"的教义学体系的边缘处,可以用案例法方法的操作支撑跨法域教义学的生长。

* * *

掩卷之际,在喜悦之外,我似乎还感受到了一丝焦虑。或许是我多想了,又或许只是我自己的焦虑的投射。还记得刚上大学的时候,读苏力的《法治及其本土资源》,劈头盖脸先是一个大大的问题:"什么是你的贡献?"这恐怕是任何有志的学者午夜梦回时都无法回避的问题。进一步,这个"你"可以扩大到法学研究者这个群体,在中国的法治发展进程中,什么是学者的贡献?什么是学者不同于立法者、法官、律师等其他法律职业工作者的真正贡献?甚至,我们还可以再进一步把这个"你"扩大到中国,继续追问,作为法制继受国和体制转型国,什么是中国作为后发者可能的贡献?这些同样也是有心的学者不应回避的问题。当然,"有心"还需要配上"功夫"——披荆斩棘的"功夫",假以时日的"功夫"。

我读章程的新作,得到一种鼓舞和激励。希望有心者日众、同行者日众,希望大家一道砥砺功夫、善尽本分,希望无论是个体还是集体,终能"功夫不负有心人"。

目　　录

第一编　继受民法学的历史理论

第一章　继受法学的历史脉络 …………………………（3）
　一、日本法的混合法系性格 ………………………（3）
　二、我国台湾地区法学的战后发展 ………………（15）
　三、结语:方法比母法更重要 ……………………（24）

第二章　继受法学的学术生产 …………………………（26）
　一、易代之风 ………………………………………（27）
　二、体殊用别 ………………………………………（30）
　三、理实其融 ………………………………………（35）
　四、化洋为我 ………………………………………（37）
　五、点面风神 ………………………………………（40）
　六、尾音 ……………………………………………（43）

第三章　继受法域的案例教学 …………………………（45）
　一、鉴定式教学的下一步 …………………………（45）
　二、法教义学功能对案例教学的影响 ……………（47）
　三、法学教育的目标与定位 ………………………（52）
　四、我国案例教学类型的选择与组合 ……………（58）
　五、结语 ……………………………………………（64）

第四章　继受法域的法例关系 …………………………（66）
　一、法学的敦煌 ……………………………………（66）

二、直虹与长星 …………………………………………………（72）

第二编　公私法接轨的理论与实践

第五章　从基本权理论看法律行为阻却生效要件体系 ………（81）
　　一、法律行为阻却生效要件的困境 ……………………………（81）
　　二、强制性规定的操作方法 ……………………………………（89）
　　三、公序良俗条款的操作方法 …………………………………（105）
　　四、余论：以案例法方法支撑跨法域释义学 …………………（111）

第六章　从基本权理论看行政行为对法律行为效力的作用
　　………………………………………………………………（113）
　　一、公权力影响法律行为效力的体系盲点 ……………………（113）
　　二、法律行为效力评价体系的再深化 …………………………（116）
　　三、影响法律行为效力的行政行为作用类型 …………………（120）
　　四、行政行为依据规范的合宪合法性控制 ……………………（130）
　　五、结语 …………………………………………………………（133）

第七章　论行政协议变更解除权的性质与类型 ………………（135）
　　一、问题的提出 …………………………………………………（135）
　　二、行政协议变更解除权的体系构成 …………………………（137）
　　三、变更解除的诉讼类型与规范适用 …………………………（151）
　　四、结论：打通行政协议的任督二脉 …………………………（159）

第八章　行政协议诉讼类型的区分、融合与转换 ……………（162）
　　一、问题的所在 …………………………………………………（162）
　　二、行政行为与行政协议的关系 ………………………………（166）
　　三、诉讼类型的区分与整合 ……………………………………（173）
　　四、结论 …………………………………………………………（185）

后记　民法学的多元颜色 ………………………………………（188）

第 一 编
继受民法学的历史理论

自晚清以来,我国民事立法与民法理论经历过数次的立法继受与学说继受,重层继受的结果,使得民事立法、法学研究与教学都难以找到自身的准确坐标。改革开放以来,由于语言文化的同源性或近缘性,我国大陆地区民法学界长期以我国台湾地区与日本为师,民事立法与民法研究都实现了长足的进步,但进入新世纪,我国台湾地区与日本民法学的影响逐渐式微,取而代之的是德式民法学的压倒性影响。近年以来,由于留德学者的推动,德式民法学更超越民事立法与民法研究,在民法教学方式等方面产生了更为广阔的影响。但是回首我国台湾地区与日本民事立法和民法研究的历史,其虽然也深受德式民法学的影响,但在法学研究风格、学术生产方式、案例教学方法、立法与判例关系的处理等议题上,未完全踏袭德式民法学旧路。作为继受法学的后来者,此岸的民法学者有义务去反思:同为继受民法学,不同的继受法域为何选择了不同的继受对象?唯其如此,我国的民事立法、民法研究与民法教育才能避免落入继受法学的种种陷阱,走出自己的道路。

本编首先从历史脉络的角度,研究日本与我国台湾地区民法研究风格的形成与演变,在此基础上,分析日本与中国大陆地区民法研究中学术生产方式的不同,进而从整体上究明中日两国民法学研究模式差异的历史与体制原因。从民法学研究模式这一根本差异出发,本编的第三章和第四章的内容进一步探讨了民法学研究模式差异对其法学教育与民事立法的影响。通过本编的比较研究,笔者想指出的是,无论是法教义学研究还是法学教育与立法的选择,都应尊重继受法学这一历史坐标的定锚作用,避免走上片面继受一国一域的歧路。

第一章 继受法学的历史脉络*

一、日本法的混合法系性格

(一) 现代化进程中的学说继受

今日,若粗略将中国大陆民法学界留德留日学者的所长大分,可以看到,留德学者的胜场,一在法律体系,二在法学方法。此二者相辅相成,正如经济学的数学化使经济学的科学性得以迅速提升一样,法律体系与法学方法的互动促成了概念体系的建立,让留德学者产生共通的对话语言,进而使中国大陆的德国法继受事业得以飞速发展。[①]以英美法为主要蓝本的《民法典》合同编在解释上呈现出高度德国法化的倾向,就是德国法学说继受的明证。

就法系继受(法典继受—学说继受)的脉络而言,德国法学说和解释论在中国大陆的勃兴,可谓由来有绪。19世纪末20世纪初,在传统社会到现代国家的那场大转型之中,大陆法系的行政、立法、司法因其整套的官僚体制相对独立于社会,继受的社会变革成本较低,成为几乎所有转型国家的首选。以日本为首,东亚各国在司法体制、法律架构上一边倒地倾向大陆法,殊非无故。

---

* 本章内容曾发表于《北航法律评论》2015年第0期,本书写作时稍有改动。

① 虽然留德学者对于法律概念本身的价值蕴含度和体系的弹性的认识还远未称得上清楚。

不过大陆法并不等于德国法,东亚世界之所以有如此深厚的德国法情节,有着相当程度的历史偶然性——日本在现行民法的编纂过程中弃法从德,采用了德国法的五编制;日本顾问为清政府起草民律草案,对后来《中华民国民法典》的编纂产生了决定性的影响;同时《日本民法典》长期适用于作为殖民地的朝鲜,也使得战后的《韩国民法典》经由日本民法继受了德国法。

在20世纪上半期,日本曾经历了高度继受德国法学说的阶段。早在我妻荣的老师鸠山秀夫的时代,日本民法学者便可熟练运用德国的注释书,并最终实现了从概念体系到法学方法的全面继受。对德国法体系与方法的熟稔与严格训练,至今仍盛于日本的关西地区。

对于已经通过法典继受和编纂实现立法现代化的转型国家来说,下一步无疑就是完成对解释学方法的吸收,从而使得司法趋于专业化、现代化。——先进口机器设备,再仔细钻研说明书的操作流程、培养技术人员,对于法治后进国而言,这样"操作手册式法学"般的循规蹈矩当然不是没有道理。

(二) 德皮法骨,英美之肉

鸠山等人在日本大力推行德国法的解释论,虽使得德国法研究在日本一时成为显学,但同时也遭到了来自末弘严太郎等人的强烈批判,言其仅重视逻辑演绎,与日本的民情和裁判实践相去甚远。[①] 留美归来,深受美国法方法论影响的末弘一面在东京大学创建民事判解研究会,高擎起活法研究的大旗,一面则力倡民法学者投身法社会学研究,二者共同指向的,是要让舶来的立法在日本真正落地生根。也就是这两个面向,改变了日本民法学继续在大陆法传统上依序行进的轨迹,奠定了今日日本民法学乃至整个法学研究与教学的基本格局。

绝不可低估此一基本格局的影响所及。

[①] 鸠山秀夫受到猛烈批判的另一点,是固守德国法理论,对本有法国法血统的日本民法条文强以德国法解之,造成诸多体系上的不合。

1. 法系大别在法学方法

以今日我国的留日民法学者为例,解亘、周江洪等倡导在裁判中抽取"先例性规范",并划定"判决的射程",这些都是承自日本法的典型表述,也是日本法的基础训练。"射程"的表述,并不见于德国法的传统方法论之中,反倒是在英美法的"先例拘束"传统、"辨异"技术中能找到对应之辞。

究其所以,在于大陆法系传统的第一法源在法典,某条文依其立法计划范围若存甲乙丙三说——无论三说孰优孰劣——司法者取其中任何一说,均是依法裁判,所谓"尊重先例"并非"遵循先例",不过是依循宪法平等原则,确保同案同判而已。换言之,在传统大陆法系国家,受"先例性规范"的拘束,尚非司法者之义务,更毋论在现代大陆法系国家,平等提供司法给付的实现亦可以寄望于审级救济。

而美国法的方法论则不同,判例始终是第一法源,司法者要找法,首先便会放眼过往判决中的先例性规范。确认先例性规范的过程,同时也是划定其法理射程的过程,一旦确认所处理的案件落于先例性规范的射程范围内,司法者就当然受到先例的拘束,须依其法理进行裁判。

如果还要再多作一点申论的话,可以说在"以人民之名"作成判决的德国,"法官仅是法律之口",法官的所有判决都是对有一般拘束力的客观法的解释,所以审级救济一方面承担正确裁判的任务,另一方面也承担平等裁判、统一法解释的功能。并且,由于成文法是第一法源,所以在个案裁判中,只要遵循法律解释方法找寻一种可以接受的法解释即可,此时法官虽会基于平等裁判的要求考量先例,但不必囿于先例的拘束力。与此相对,在"法律出自法官之口"的判例法系国家,一方面,法官是现实的立法者;另一方面,平等裁判的要求本身便赋予了先例以法源地位。因此,关于"先例性规范"与"射程"的讨论,是英美法真正的法学方法,其地位和重要性,绝不亚于大陆法系在成文法中寻找大前提的法学方法论。

笔者意在点明，解亘、周江洪等留日学者所倡导的案例研究方法，虽然看似"略与德系不同"或"稍具日本特色"，但其后暗藏了日本法学方法论由德转美的大转向，这一点实在不能不察。

2. 判例优位的多重脸庞

可印证日本民法学界在方法论上由德入美之处其实有很多——除广中俊雄等少数学者坚守德国法文义解释、体系解释、目的解释等传统方法叙述法学方法论之外，即使是留德学者，也少有人对德国法式在成文法中寻找大前提的法学方法论投以关心。

同样，德国式"请求权基础"的思考方式，在日本的法学教育中向来无人问津。究其所以，正是因为判例中"先例性拘束"的思考方式占据了主导地位，法律人遇到类似案例，不再溯回法条进行顺序思考，而只是找寻相应的判例立场，确定其射程。日本民法学者常以《日本侵权法》仅有16条却可百年不变来证立民法典的普适性，这在笔者看来却是相当反讽：侵权法之所以百年之间如如不动，恰是由判例思维而非法典思维支撑起来的。判例固然丰富和填充了法条的文意，但以先例拘束为前提的思考方式却侵蚀了法典思维的内核，使得法典本身不过空留形骸。

然而，同样需要认识到的是，判例在日本法上的地位如此之高，与日本的司法体制是紧密相关的。简而言之，战后日本行的是美制，最高裁判所仅有15名法官，不分民庭刑庭。正如上文所述，依大陆法系的传统思考，审级救济有统一法律见解和救济当事人的双重功能，法院承担平等裁判和正确裁判的双重任务，所以即使是最高审级——如德国联邦宪法法院的裁判宪法诉愿——也无选案权，否则即有侵害人民诉讼权平等保护之虞。相反，美制的审级救济并无统一法律见解的规范性任务，其目的仅为救济当事人，在资源有限的情形下，面对当事人救济的不同必要性，最高审级的法院有相当程度的选案权。因此，德国最高法院分设多支，每个法院又有多庭，最高法院的法官人数，与美国、日本更是天壤之别。

在判例法传统的国家中，最高审级的法院虽然没有统一法律见解的功能，但其事实上的选案权致使裁判数量较少，反而使得最高法院的判决在规范上产生了"一体咸遵"的事实上的强大拘束力。与此相对，德制最高法院虽然也作出终审判决，但其判决众多且分庭常有不同意见，故尽管有统一法律见解的规范使命，但因"法出多头"，导致其判决事实上的拘束力并不如美制最高法院。

日本正因承袭美制，使得最高裁判所的判例天然具有比普通大陆法系国家更高的权威。同样需要思考的也许还有司法行政这一制度性的影响，日本最高裁判所对下级裁判所法官在升迁、调任等事务上的决定性作用，一定程度上也是最高裁判所的判例得以令行禁止的因素之一。

当然，日本社会对法官的高度信赖、其历史上在法典之前没有德国式的法学思考传统等，可以说都是助力日本得以脱德入美的原因，此处不再深论。

（三）法社会学，得耶失耶

1. 法社会学的显隐二流

如果了解日本法学在方法论上注重判例研究这一特质，便不会觉得日本法只是德国法的翻版，更不会错觉"利益衡量论"是一种方法论上的贫瘠——因为利益衡量论本身也是捆绑于判例研究这一方法之上的。①

当然，利益衡量论在日本的发展，并不仅有判例研究这一脉缘分，上文提到的末弘严太郎提倡法社会学，对利益衡量论的创生可说厥功至伟。日本民法学乃至整个日本法学自末弘开始，就有深厚的法社会学传统，或者说，法学社会学从一开始就是寄生于民法而得以发展的，至川岛武宜这位横跨民法与法社会学的大家，日本法社会学与民法学

---

① 必须注意的是，利益衡量论的运用并没有笼罩民法的各个领域，而仅在借地借家等领域有所应用。

的综合可说迈入了全盛时期。其后,法社会学与民法学又开始分道扬镳,今日法社会学中法学的色彩已逐渐暗淡,"描述解释现象"的社会学色彩渐趋鲜明,法社会学渐远民法成为独立学问。[①] 而民法中关心社会实态的解释论,一方面以加藤一郎、星野英一为代表,通过"利益衡量论"风靡法解释学,另一方面则顺着广中俊雄、吉田克己一脉下传,借由社会哲学与民法基础理论留存下来。

关于利益衡量论的兴衰起伏、得失功过,国内已经有专门的著述介绍,在此不拟再予深论。不得不说的一点是,无论是从法源上强调实存秩序与活法论的末弘严太郎、欲将法学社会工学化的法社会学大师川岛武宜,还是强烈反对法社会学入侵民法的星野英一,乃至对社会哲学与民法有特别关心的广中俊雄,民法学界强大的法社会学传统使得"民法与社会的关系"始终是日本民法学者探讨的中心问题。我妻荣对公序良俗的考察、星野英一对借地借家法的贡献、加藤一郎对特殊侵权行为的整理、加藤雅信提倡的综合救济理论、民法学者素来对利息限制法的关心——无论是否笃信法社会学,法社会学的传统使得思考"民法如何直面各种社会问题"几乎成为历代民法学者的使命。这恐怕是考察日本法社会学时经常被忽视的一股重要隐流。

2. 回归大陆法的真正逆流

在法社会学的百年洪流之中,必须提到的是两股重要的"逆流",一是川岛大师的高徒前东京大学教授平井宜雄,一是卡纳里斯的学生京都大学教授山本敬三。对自己的老师川岛武宜的法社会学、前辈星野英一的利益衡量论,平井宜雄都是执反旗者,平井的民法解释学论文中几乎不涉及任何社会政策的讨论。而山本则以批判我妻荣对公序良俗的整理成名,其借法在德国的恩师卡纳里斯,认为类型化地整理公序良俗无有终日,应在厘清民法与宪法关系的基本前提下,让法官通过操作公序良俗来实现基本权保护的宪法要求。

[①] 加藤雅信是例外,星野有强烈批判。

如果说星野的"逆流"仅是对法社会学方法的排斥的话，以上两股一东一西、时隔有序的重要"逆流"，则是从根本上反对了"民法应当直面社会问题"这一法社会学传统的基本预设，笔者以为，这才是对百年法社会学隐流的真正反动。

"民法应当直面社会问题"这一基本预设，使得民法学者有超越（大陆法系式）民法本身的使命感。以笔者在日本的指导教授吉田邦彦论，吉田的长才是广纳各种社会现象作为民法问题探讨，如灾害复兴、战后补偿，但吉田往往忽视的是，大陆法系的民法有着一般与特别的总分结构，其法官居于立法者地位处理政策性问题的能力远远小于美国。

以德国论，即使是联邦宪法法院，其人权保护的角色充其量也只能说是消极守护者而已，普通法院的角色更是典型的消极司法者。这使得涉及政策的问题，通常只要没有立法，法院基于分权的考量就不会主动介入，行政法中即使是给付行政亦不能类推适用、契约无效事由无法类推等等，都是普通法院作为消极立法者的表现。除非宪法法院站在人权守护者的角度，认为立法没有达到给付行政最基本的底限而违宪，民事立法的解释者对政策问题从来都不能逾矩而动。

也因此，如山本敬三援引卡纳里斯的理论所述，在公序良俗的问题上，法官只能出于保护其他宪法基本权的目的限制契约自由这一基本权，而不能逾越分权体制基于特别的公益性政策目的来限制契约自由。①——山本此处所表达的中心意思无非是，民法一方面需要透过宪法所设立的人权条款，方能明确其守护人权的使命，另一方面则要透过宪法所设立的分权体制，才能确定民法解释实现这一使命的能力。

让民法不去"直面"社会问题，而回归到以宪法为顶点的法秩序体系中，处理民法应处理而能处理的问题，这是笔者看到山本论文中所

---

① 事实上，对享有分散违宪审查权、有更大自由空间操作宪法的日本法官来说，其与行集中违宪审查制的德国普通法官并不处于同一地位。因此，法官基于公益限制契约自由这一问题，应在日本法的分权体制下进一步被讨论，可惜山本太忠实于卡纳里斯表述中德国的分权体制，对此并无深考，是一大憾事。

作的方法论贡献。遗憾的是,在宪法师承美制、主流学说不认可基本权保护义务的日本,山本的论文在问世十多年之后,仍未可见更进一步有意义的讨论。恐怕山本自己也未必意识到的是,让民法在整个法体系之中得其所以,此种"体系化"本身意味着对日本法社会学传统的最大反动,也是对德国法方法论相当重要的回归。

总而言之,在日本民法甚至整个日本法学的成长过程中,法社会学相伴相随,其为民法学增添了相当多的色彩。但法社会学的发展,同时使得民法在价值取向和解释方法上都直联社会脉络,而疏于与侧旁的行政法(如综合救济论即忽视行政给付能力)、上位的宪法之间进行体系化整合,上世纪七八十年代脱体系思考、近判例思维的利益衡量论在日本民法学界得以昌隆,自是由来有故。

(四) 继受法学的风陵渡口

1. 功能化带来的脱体系

日本是一个受混合继受影响极大的国家,北川善太郎把日本民法分为法典继受时期和学说继受时期。日本旧民法以法国民法为底稿,现行民法则形式上承袭德国民法,实质上起草委员三人一法一德一英,各国民法俱有参考,这是日本法的法典继受阶段;现行民法施行之后,学说一边倒地倾向于继受德国法,至我妻荣,德国法学的学说继受在日本民法中集于大成。若再加上上文所分析的对美国法的"方法继受",日本民法学混合继受所形成的重层结构基本就清晰可见了。

在这样的重层结构上进行体系再融合,让日本民法真正拥有自己的生命则是在战后。战后新宪法的施行,首先使日本家族法得以翻新,同时,随着经济的腾飞,各种应对社会变动的民事特别法也陆续施行。不过,给日本民法体系带来结构性革新的,应该还是判例的蓄积和比较法对象的改变。

整个20世纪上半期,日本民法学虽然在方法上倾向美国,但在学说或法解释结论上则是一边倒向德国法。直至星野英一留法归来,日本民法解释学的比较法对象为之一转,在物权变动、债务不履行归责原理、侵权行为一般条款等诸多法典的结构性问题上,回归立法者原意的法国法解释论开始大行其道。数十年对德国法学说系统继受所形成的完满成果,从根本上开始崩解,现行民法"德皮法骨"的本来面目被逐步揭示出来。

伴随着德国法解释论的衰落,在体系上脱潘德克吞的功能化主张也逐渐抬头,并从研究走向教学领域。从铃木禄弥开始,教科书尝试脱离传统依法典编别序列撰写、教学的意图,从来分别讲述的债总与债各教科书合二为一,债总与合同的讲述高度融合;在物权法中,铃木甚至绕过"日本是否采物权行为理论"这一传统上论争不休的基本问题,而主张"阶段化的物权变动"理论。作为留德者的铃木提出这些脱体系化想法并熔铸于自己的教科书中,使得当时的学界为之一撼。

功能化的想法在星野、铃木的晚辈学者中得到更进一步的发展,风靡一时的教科书作者内田贵的三卷本财产法就以权利的发生(民法总则+物权法总则)、权利的内容(债权各论)、权利的实现(债权总论+担保物权)为线索,打破传统教科书的编别固执,不但获得了学界的接受,其易懂的结构也广受学生的好评。

不容忽视的是,此种脱体系功能化想法的盛行,与经济的高度发展、民事特别法的陆续施行,都有着或多或少的关系,同时,与利益衡量论、方法论重视判例思维的传统也息息相关——功能化的想法使得民法更能迅速应对新的社会问题,重视判例思维而非体系思维、重视利益衡量又为功能化思考提供了丰足的方法论土壤。因此,当经济发展带来环境问题之时,侵权法学者走入环境法的领域;当社会需要金融管制之时,民法学者进入利率管制法领域……民法学者对部门民法的关心,使得其思考进一步部门化、功能化,最后基本民法体系面临推倒再造,其实不过是末了一块多米诺骨牌的倒下而已。

2. 再体系化的得与失

当然,今日再回头看,日本民法学者多会认为经过战后几十年发展,日本民法学已摆脱继受法学影响,实现了再体系化。

这样的自信,当然有相当的理由:物权法中关于物权行为的争论已成过往,侵权法中德国式的三条文结构、违法性要件影响亦成历史,随着债权法的修改,将来传统德国式重视过错的债总和合同法结构也终将被摒弃。这些法典结构上大方向的变革,凝合了数十年以来在各个具体问题上英美法、法国法解释论的注入,融贯了美国法判例方法论的一向影响,同时也反映了日本长期司法实践和特别法的进展——日本法行至此,看似已经成功渡过了继受法学的风陵渡,实现了基于本土方法和本土材料的再法典化或曰再体系化。

可是,再体系化的下一步将何去何从?应当以何种标准来评判日本法的再体系化成功与否?

要评判日本法再体系化的功过得失,还要从现行日本民法的"先天不足"开始说起。一百多年前,日本法在承袭《德国民法典》之时,就裁剪了德国法上限制物权的类型,及至取法日本的《中华民国民法典》,限制物权类型愈少。今日,无论在日本还是我国台湾地区,物权化租赁权的适用都往往比地上权更为普遍,而物权法各论的重心不但大多移至担保物权,在民法之外还增添了许多非典型担保物权——中国大陆亦复如是。相反,法典和学说在合同法各论中有财产让与型合同、财产用益型合同、劳务型合同这样的类型,却不都见"担保债权合同"这一合同类型。

严格来说,德国法对典型意定物权和典型意定债权的法典化都没有很彻底,限制物权可用益、可担保、可先买、可劳务(如土地负担),而典型合同的功能则远不如限制物权全面,至少无担保。用德国法物债两分的体例比较观察限制物权和典型合同,下一步法典的再体系化要如何成其大,解释学上横跨物债两编的可能便呼之欲出了。

反观日本民法学界的再体系化,以内田贵三卷本财产法体系书为例,权利的具体内容被简化为债权的具体内容,担保物权法与债总被定位为债权实现法,用益物权法被压缩至极限。而原本就为《日本民法典》所无的土地负担等限制物权，在日本法的百年历程中更是由始至终未得到重视。相反，所有权保留、让与担保等若不与特定的公示制度相结合就仅是"担保债权"的非典型担保，却通常在教科书中被功能化地置于担保物权法部分。

换言之，日本民法的再体系化，全以"功能取向"为重，与传统德国民法所奠定的物债两分体系，以及其体系所昭示的改良方向，完全是两套不同的思维方式。如果要简单地定位，那么可以说，日本民法的再体系化还是问题取向的，而德国民法及其未来可能的再体系化，则是体系取向的。站在德国民法及其背后体系思维的角度看来，日本民法虽然实现了再体系化，但因其完全以问题为中心，所以始终只是残缺和片面的体系化——或者说，问题取向的再体系化，不过是让日本民法在去大陆法化（去德国化）的路途上，又远行一步了。

3. 误陷鸿沟的法治改革

在本章的开头，笔者就表达了一个观点——不论法典继受还是学说继受，都应当将其作为传统国家现代化的一环进行考虑。东亚的传统国家之所以一开始师从以法典为尊的大陆法系，之后又大力引入德国法的解释论，与其迅速现代化的渴望是分不开的。

整套移植法典当然比学习英美式的判例法能更快实现立法的现代化，但是同时也必须承认，对法典继受国而言，无论是仅在立法上继受了法典，还是在司法上也继受了法学方法，此种继受而来的法治始终是很浅碟的。这也是法律文化论、法律社会学往往在继受法国家受到重视的原因。新制度经济学也论及，从长期来看，文化而非制度才是决定性因素。深受美国影响的日本，当然希望这套西来的法治不但能在立法、司法，更能在民众之中落地生根。

"有识者"遂以美国为据，认为日本人均律师占有率远低于美国，因此应进行法学教育改革，改变德国式的经院法学培养模式，改采美国式不要求法学本科的 law school 体制，降低司法考试难度，增加律师数量，以实现进一步的法治。

众所周知，这场试图改变日本法学教育体制的革新，基本可以说以失败告终。关于失败原因的检讨，日本学者、政客争论许久，至今也未能得出统一的结论。而在笔者看来，这场改革没有预估到的最大风险，就是误陷了上文一直强调的两大法系，以及欧洲和美国之间的鸿沟。

以1997年的法律专业人口数论，该人口数在日本是全国人口数的六千三百分之一，而在美国是二百九十分之一，在英国是七百一十分之一，在德国是七百四十分之一，在法国是一千六百四十分之一。英美法律专业人数比例高于日本及其他大陆法系国家的原因之一，在于整个司法体制的不同，英美法系的法官很大比例是从律师中选任的，而判例法传统之下，每一个法官本身都可能是个案的立法者，这使得在三权分立和国家与社会的法治化中，司法能够扮演更为积极的角色，其中以美国的法官最为典型，其在分权体制中堪称多元民主的一元。而英国虽然是判例法国家，但是国会至上的体制使得国会立法拥有至高的权威，因此，在实现国家与社会的法治过程中，相较而言远于美国而近于德法。

若接入法系的脉络和权力分立的脉络便可以发现，虽然日本的法律人比例低于其他法治先进国，但问题绝非供给不足这么简单，需求端本身也需要进行充分的考量——日本显然是行政引导的立法中心、行政中心的国家。以宪法诉讼论，最高裁判所几十年间宣告违宪的案件不满十件，司法在法治现代化过程中的作用本就相当消极，怎能单单企盼通过增加司法人员的数量促进司法的法治实现呢？更何况，美国的培养可以短期先训练方法，长期再付予律师的实务训练，但日本到底是一个成文法俱备、且引之为第一法源的国家，按照大陆法传统，人才培养必须从头熟稔诸法典法条，从基础开始搭建起完备的体系，若再要在不同的部门法领域中穿梭，更绝非一两年之功，传统大陆法系国家花费长时间训练方法、养成体系思维，殊非无故。日本法科大学院未修者（非法学本科）司法考试通过率极低，就相当程度反映出了这两种训练方式在法律人养成各阶段所需要投入资源的不同。

若再深论一点的话,大陆法系的传统,乃至德国法基本权客观法秩,就是要确保提供有效的司法给付,所以对法律人资格考试的要求普遍都比较高;而美国则分州不同,至少宪法上并不排斥低门槛准入、交由市场淘汰劣质司法给付的制度架构。两者从理念到实定法,都因为法系差别有很大不同。

总而言之,日本作为一个混合继受的国家,虽然成功融合各国制度的典范并不少见,但游走于体系思维和判例思维之间的跨法系继受若不能考虑到各方面差异,仍旧容易在很多问题上犯下方向性的错误,触礁倾覆。

二、我国台湾地区法学的战后发展

(一) 德国法地位的真正确立

如果粗略对比台湾地区和日本民法学历程的话,可以看到:台湾地区过去数十年经历了一个"入德"的过程,而日本却走过了"脱德"的路。苏永钦曾将二战以后的台湾地区法学分成三个阶段:法学为适用法律的技术的时代、法学为自主的规范科学的时代、法学为法律的社会科学的时代,这三个阶段对应了台湾地区社会在三个不同历史时期的法治需求,而从法学继受史来看,则基本可以对应于日本、德国与美国三国法律科学对台湾地区的影响。当然,这一分期未必完全适用于民法学界,例如,尽管陈聪富、谢哲胜乃至年轻一辈的张永健等留美学者回台从事民法研究,但民法研究却始终没有在方法论上受到美国法的显著影响。以下先就前两期的民法学略作申述:

1. 体系注解的教科书时代

战后二十年间,台湾地区法学基本延续了国民政府在大陆时期的

"教科书法学"。动荡时代中未变的法统，反倒使得学界得以赓续大陆时期的教科书业绩，在此基础上继续厘清概念、注释法条，今天能看到的史尚宽民法教科书系列，基本都成型于这个时期。延续在大陆时期的学风，这个时期在台湾地区这块前日本殖民地上展开的教科书论述，仍受到日本、德国等比较法解释论的压倒性影响。同时，因为裁判并不公开，教科书基本都还是以法论法，即使是法学期刊，也甚少有超出注解基本概念范畴之作。唯一值得注意的是，受完整日本教育、也受日本当时德国法学一边倒学风影响的台湾地区菁英如蔡章麟等人，也投入到教科书创作与法学人才培养中来，为下一代法律人由日入德的转型奠定了基础。

苏永钦在回忆上世纪60年代末的台大学生岁月之时，常常慨叹法治与法学在台湾地区的再出发，是因为历史的因缘际会促成"人"的交会，德语常常胜过中文，成为两岸法学菁英的专业共通语言。今日留下的台大法律学研究所译注的堪称信达雅的德国民法典与瑞士民法典版本，即是梅仲协、戴炎辉、蔡章麟、洪逊欣、韩忠谟、刘甲一等诸位大师的合力之作，也是两岸法学菁英惺惺相惜的见证。而受教于这些法界巨擘的及门弟子，如后来被誉为两岸民法学第一人的王泽鉴、当时作为法典译注助理编辑的廖义男、学生时代因蔡章麟而对德文渐生兴趣的苏永钦，日后皆赴德留学、回台任教，均成为一代法学巨匠，还先后成为"司法院"大法官，在学界与实务界都发挥了重要影响。

从大陆一直延续到台湾地区的教科书法学时代，略观其大要，似堪比日本的"学说继受"时代，然而因为这样的学说继受基本与司法裁判绝缘，所以很难说这段时期的法学在方法论上对先进国家的法学有何继受之处。换言之，日本学说继受时代的教科书，已经有相当强的重视司法应用的法学方法论意识，而台湾地区的教科书法学充其量只是法典继受的遗绪，不过是对法典概念的具体化和统一化，这二十年间法学期刊所载论文的整体水平，即便与战前日本法学论文相较，都难以相提并论。

重教科书法学时代体系"注解"而不重条文具体适用的特点,同样反映于司法实务之中。从1928年至1948年的二十年间,当时的民国司法院共公布了4097号解释,无一不是抽象的法律解释,而这一工作却是由当时宪法体制上的最高司法机关承担。如果把急速现代化导致的法律缺位、司法体制内最高机关的抽象造法、学者主导的注解法学这三者勾稽起来看,民国时代及至台湾地区的教科书法学绝非孤例——一个甲子之后,当社会主义中国走向改革开放,最高人民法院承担起抽象法律解释的角色之时,新中国的注解法学也恰在学界如火如荼地展开。

2. 判例研究的德国化本质

今日台湾地区的民法教科书对中国大陆最有影响者,论其总体必称王泽鉴,论债法则首称孙森焱,论物权则首称谢在全。此三人俱曾荣任"司法院"大法官,不同处在于,王始终在学界,而孙、谢二人均是实务出身,横跨两界成为经典教科书作者。

学界兼从实务,或由实务入学界而撰写教科书者,民初以来即不在少数,史尚宽、黄右昌、胡长清等人在大陆时期就参与立法,而在大陆接受法学教育、后迁台任法官的钱国成、李模、姚瑞光等人,也都从上述教科书时代就兼席于大学讲堂,著书立说。不过以教科书推动法学进步的,上述王、孙、谢等人应该算是开风气之先者。

王、孙、谢所著经典教科书,与以往教科书的不同之处,在于不但纵横比较法之间,注重法律体制自身之完整洽合,而且回应社会需要、广纳实务见解并融整入既有体系——将应然的法律体系演绎应用于实然的社会现实,借由实际案例的裁判结果复又回馈法律的体系化,这种由体及用、由用入体的释义方法,使得法律人才的培养开始摆脱教条式的文本注解,真正触及大陆法系体系思考的法学方法。

王泽鉴自留学归国以来,就致力于以判例研究方式影响司法、沟通学界与实务界,而孙森焱和谢在全本来就是法官,重视实务判决,同时熟谙日文,有相当的比较法视野。不过,这几位经典作者之所以能引领起当时风气的转变,也并非完全是基于个人因素的偶然。司法裁判的公布,横跨实务界与学界的学会组织、问题导向的经常性研讨会的成立,经济起飞所带来的法治需要,使得民法学已不可能止步于注解时代。在民法经典教科书作者的同时代,刑法有蔡墩铭、公法有翁岳生等同样高倡判决研究,学者们对"最高法院"判决的批评,也表明了学界已不再只重条文的注解,而开始站在体系化的教义学立场上追求判决的一贯性。

必须要说的是,如上文谈到日本的方法论一样,在法治深入的进程中,具体的判例研究在哪个国家及地区都不应被忽视,但是判例研究的方法论却因法系区别可以有很大不同。也因此,台湾地区法学这一时期最引人注目之处,并不在于判例研究本身,而在于判例研究背后传统德国法学方法论的自觉。民法学界的王泽鉴和黄茂荣、公法学界的吴庚、法理学界的杨日然,及至实务界的杨仁寿,均开始自觉地涉足方法论领域,这些作者所著的部门法学教科书,也都不约而同地强调法学方法的运用。王泽鉴在多篇判例研究的文章中严格区分"适用"与"类推适用",寻找"法律漏洞",其多年来推行"请求权基础"的思考方式,更堪称德国法学方法论的忠实传道者。依此一方法论,判例研究的作用在于建立判例背后的学理体系,回馈法释义学,养成体系思维方式,至于具体判例的个案地位再高,也都不过是此一方法论的自然演绎而已。

另一方面,也是直至这一阶段,教科书法学时代就法言法式的论文才终成过去,中文法学世界也才真正开始出现专题性的深入研究。王泽鉴在债法方面指导的系列论文,翁岳生在行政法方面指导的多篇学生论文,不但以专题的形式系统引入德国学说,在台湾地区法学的专业化发展中厥功至伟,而且从此引领风气,使得台湾地区的法学硕博士论文长期保持相当的学术贡献度。

(二)民法学研究的守与变

1. 未竟全功的德国法继受

战后台湾地区法学教科书质量的提升,代表了中文世界法学的新发展。事实上,在任何一个大陆法系国家或地区,完备的法条注释和杰出教科书,都代表了司法、立法以及专业教育体系化的水平,更为其提供指针。此二者所共同展示的,是这个国家或地区法释义学的水准与能力。

因此,继受德国法的下一步,同时也是告别继受法学的第一步,便是以德国法的体系思考方式为本,再建更有效率的法律体系与适应现代社会的法学方法——一方面通过法条注释,考察比较法源流,厘清本国的比较法定位,另一方面将实务见解体系化整理于注释书,实现法学真正的本土化。而教科书作者则应在此基础上致力于体系融贯性的提升,重思更有精度与广度的体系构成,以学说体系的重构、法学方法论的革新推动本土化与再法典化。

若以此标准来评判台湾地区的法继受进程,可以说仍旧任重道远。民法学的专题研究经过二十年发展之后荣景不再,而二十年间所积累的研究成果无论在广度、深度、密度上,都难以支撑起逐条注释的大型注释书①,其他部门法学的既有积累,则更难相比民法。另外,教科书所勾勒的体系,也并没有脱离法典体系的束缚。仅从教科书的体例来看,经典教科书作者们虽然对大陆法系方法论的应用十分自觉,然而德日民法成熟教科书中所习见的、教科书作者自我主张的学理体系,却始终少见于台湾地区民法的教科书之中。

2. 尝试中的体系再造者

当然,民法学界走向寂寥去路的同时,仍不乏期望在体系上实现再造的努力者,曾同在政治大学任教的曾世雄、苏永钦、陈自强就是其中典型。

陈自强最早尝试打破民法编别、整合总则与债编写作契约法两部曲时,最主要的动因是教学效率的考量,其认为总分式的法典适合立

---

① 民法学的专题研究在进入 20 世纪 90 年代以后即逐渐停滞,一个相当大的原因,是民主化的完成、公法学的勃兴吸引了大量法学人才投身公法研究,民法学新人一将难求,如今这已成民法学界的共同危机。因为学生志不在研究,本土的民法硕博士论文也从数十年前广览比较法的专题研究转变为实务倾向的问题研究,法律学研究所硕博士生的外语训练,也早已不可与当年同日而语。

法却未必适合教学，而教科书作者与法典注释者终有别。及至结合欧陆与日本民法修改写作契约法新著之时，陈自强意识到了台湾地区契约法必须遂时代潮流，以重视当事人合意为中心进行现代化，在此现代化过程之中，还必须厘清台湾地区民法过往的继受历程。依陈自强的进路，归责事由的合意化、瑕疵担保责任回归契约责任等解释论的下一步，也许就是像日本债法修改一样，把契约从债总中分离出来，若果如此，陈著契约法势必将重订再版，届时也许可以期待他成为台湾地区第一位真正意义上的民法学理体系再造者。

与致力于解释论再造的陈自强不同，曾世雄力倡的资源本位民法则偏重于立法论。其认为，以意思自治为中心的民法存在最基本的预设错误，民法作为社会生活规范的一种，应以生活资源的归属、取得、利用、变动为中心进行设计。在重构民法典的构想之中，曾世雄的见解绝非孤例，此岸徐国栋的"绿色民法典"看似即与其若合符节，当否自然也还可深论。不过无论如何，非以意思中心构建民法典，与德国民法的传统已然相左；而且，民法是否可能以此为前提展开，也不得不面对其上位的宪法秩序的检验。

而保持意思自治的民法体系，同时试图通过法学方法论的革新将其他考量纳入民法的想法则来自苏永钦。苏永钦首先承认以意思自治为核心的民法必须直面各种现代价值的冲击，不过，应对现代价值冲击的方式并非从立法上再造德国式的民法典，而是对司法者所使用的法学方法论进行创新——在民法中，司法者应合理操作转介条款以沟通公私法价值，在解释概括条款时则应尽力实现宪法基本权的客观价值——具体的解释论展开，此处不拟深论，仅意在指出，苏永钦通过"司法外接其他价值"的手法，一方面欲使民法融贯于以宪法为顶点的公私相互助力的法体系之中，另一方面则是想使以意思自治为中心的民法尽可能地纯粹化，其对"物权自由"的主张、对"法定物权"政策性的检讨、对台湾地区"民法"第 1 条作为找法规范的性质定位，均以此为原点展开。

从实效来看，苏永钦对台湾地区民法体系的再造，最为可见。就立法而言，作为物权法修正委员的他主张为了应对台湾地区房地分离的法制，应将地役权修正为不动产役权，并主张在物权法中纳入"民法"第826条之一，也即共有物分管契约登记对抗的规定。共有物分管契约的登记，使得欲设定非典型物权者，均可通过先购买共有物应有部分，再与共有人订立分管（包括分割）契约登记的方法，让物权法定门户洞开。几乎所有法无规定的用益、担保、先买甚至依附于物的劳务，均可以依此物权化。此一条文所带来的对百年来物债两编分立的结构性撼动，绝不容低估。

苏永钦虽然并没有写作物权法的教科书，但其物权法甚至民法体系已完全实现了再构成——在其物权法讲义中，分管契约经登记的共有、区分所有与用益、担保物权均作为限制物权（区分主体上的限制还是权利上的限制），前两者还可以自由约定转化为普通的用益、担保物权。事实行为所生之物权、相邻关系、一般留置权、典型契约法上的特别留置权、船舶优先权等则被作为法定物权，需要从交易平衡、政策保护等方面对其正当性进行检讨，并在此基础上展开解释论。其叠峦式民法的构想更是区分民法学方法论、自治民法（意定物权与债权）、自治补强民法（法定物权与债权）、权利的自力执行等数部构造，无疑是打破五编制民法体系、提升现有规范解释力的极具创新力的尝试。

（三）方法与现实的双重冲击

1. 社会科学的分析方法

与所有国家及地区一样，进入上世纪八九十年代之后，随着法学界留学美国人数日众，我国台湾地区也开始受到美国法学方法论的冲击，法社会学、法人类学等各种以法律为分析对象的社会科学陆续被介绍到台湾地区，如"中央研究院"法律学研究所即以实证方法见长于台湾地区法学界。在制度上，动产担保、信托、惩罚性赔偿、严格责任等都被相继引入。不过在方法论上对民法最有影响力的，还要数司法学、法律经济分析等理论分析工具。

严格来说,法社会学、法经济学、法人类学等社会科学分支法学与立法学、司法学、法律经济分析等新兴规范理论,还是有相当的不同,前者把规范作为既成事实来看待,仅探讨社会科学意义上的因果关系,而后者则意在寻找法律规范理性的成因所在。前者的研究成果在法官作为分权立法者的美国或许能提供判决理由,但在大陆法系传统之下,多半只能借以提出立法论上的建议,而真正对德国式在成文法中寻找大前提的解释方法造成冲击的,则要数后者。

德国法学的经典方法,从文义解释、历史解释、目的解释、体系解释、比较法解释到合宪性解释,很少将结果取向作为一种独立的解释方法。原因在于,民事基本法一般并不为实现特别的政策目的,因此,也经常有人认为经济分析的方法难以与目的解释合流。

这一观点固然有其正确性,但并不完整,民法的整套制度是为了实现私法自治,因此,在双方没有明确自治内容之时,要尽可能模拟当事人的交易实况,在某一方违逆自治之时,则要有衡平补强的制度使得法律关系回复到违逆自治前的状态。仅以模拟交易论,立法和司法越能模拟出交易实况,就越能减少当事人的缔约成本,此时重要的是,如何分配当事人、立法和司法的成本。若私法自治的原则以及当事人宪法财产权的实现足够明确,任意性规范的立法目的在补强当事人自治和顾虑司法解释能力二者,而且此二者又具有成本收益上的可共量性,那么经济分析此时就可以进行成本收益的衡量。此时,法律经济分析的方法是依附于传统的目的解释发挥作用的。

另外,在转介条款的操作中,目的解释如涉及因果关系,新兴规范理论也可能发挥作用。以台湾地区民法中取缔规定与效力规定(我国大陆原《合同法解释(二)》中的管理性规范与效力性规范)的判断为例,若经济分析能在因果关系上证明即使判定契约无效,一样无法实现管制法规的目的之时,此时规范性质就宜解释为取缔规定。

上文的分析,只是以经济分析方法与目的解释的结合为例进行说明。笔者想阐述的一点是,对于台湾地区法学界来说,经济学对法学指手画脚的时代已成过去,社会科学的方法对德国传统法学方法造成的危机感也应已不再。在有成文法拘束的台湾地区——其实在先例拘束范围内的美国法亦然如此——只有先确认此规范的立法计划,才能把结果导向的社学科学分析和对此规范的解释相结合。换言之,此处社会科学的实然,必定是立法计划中应然也已纳入考虑的对象,否则,大陆法系法官不可能超越分权体制,仅依社会科学的结论作出政策判断。

上述法释义学与社会科学交锋的结果,在台湾地区可以代表性法律经济学者简资修教授服膺法释义学为明证。回看海峡此岸今日法释义学与社科法学之争,如果能像台湾地区的争锋者一样,认真回归到大陆法系以成文法为第一法源、法律解释必然以此为始等基本命题,大部分争论也许本就没有开始的必要。

2. 民法学如何能成其大

如果把近几十年的台湾地区民法要事进行排序的话,那么财产法上特别民法的林立(消费者保护法、公寓大厦管理条例、多层次传销管理办法)要算一件,身份法受"宪法"违宪宣告一再修改一定算一件,从法学的意义上来说,行政法对民法的借鉴(行政契约、公法上的不当得利、结果除去请求权)肯定也得算一件。这些要事看似无关,但若将所有勾连起来,其实都在问一个问题:现在台湾地区的民法,应该有何种模样,才能既容纳得下下位的特别法,又回应得了上位的"宪法",还能支援侧旁的行政法?

面对现代社会对民法的多重功能要求,民法学要掌握怎样的方法,方能成其大?这其实已非台湾地区民法,而是现代大陆法系民法所面临的共同问题。更进一步也许可以问:大陆法系以民法典为中心的体系思维,在价值愈趋多元、社会体系愈趋复杂的现代,如何或曰是否还有必要抗衡英美法系问题导向的思维?

行笔至此,在本章的最后提出这个问题,是因为笔者想以台湾地区学者苏永钦所作的若干提示,作为对这个问题的初步解答:德国式的民法典因其体系思考,创造了大陆法系的典范,在新的世纪里,大陆法系的民法典应该更纯粹,大陆法系体系思维的法学方法论应该更精致,以促进法律人在不同子体系间的对接——纯粹化的民法典,既是特别民法立法的原点,也是公法的概念宝库。纯粹化的民法在技术上保持价值中立,却可以因此最大限度地容纳宪法价值,使得基本权平衡融贯公法与私法,实现跨越部门法的法体系整合。对民法而言,其应建立转介条款的方法论,融介公法价值;对公法而言,则应以特别的解释方法穿透民法概念形式,实现公法目的。当然,训练全方位法律人的整体司法体制、法学教育甚至分权体制的配套,法源论上补充软法以应对社会系统的分化与社会变迁,则不仅是民法与民法学,毋宁是整个大陆法系所要面对的课题。

总而言之,自德国而至台湾地区的民法与民法学之所以能成其大,是因为支撑其后的体系思维的法学方法论,只要这套体系思维的法学方法论面对变动不居的社会有其生命力,民法学就足以成其大。而如果在方法论上游移不定,不但可能导致民法典与民法学变形异位,更足以给继受法学的整套法秩序带来紊乱。邻国日本的法科大学院改革殷鉴不远,同为继受国家及地区,此地事法者不可不慎。

三、结语:方法比母法更重要

曾经有一段时间,学界对日本、我国台湾地区,乃至对整个民国时代的民法学都青眼有加,这样的景象今日渐不再,一大原由是中国民法已经开始走向高度德国法化的学说继受和方法继受之路。

笔者写作此章,试图从比较巨视的角度来观察日本和我国台湾地区民法学走过的路,无意也无力为两地书写民法史,而是想提醒,民法虽号称技术中立价值无涉,但学说继受的过程中陷阱仍多,学者固执实不宜多：

母法并非德国法者，不宜为德国法之学说继受，但不妨为德国法之方法继受；母法为德国法者，采德国法方法亦不妨继受他国法。

案例与判例的评释方法，将很大程度影响到一国之法学方法论，待之不得不谨慎。

大陆法学民法的精髓在其体系思考与贯通子系统的能力，而非一国一地特别的技术继受。

大陆法学的真正创新也在体系容量的扩大与法学方法的创新，舍此，继受法国家永难实现本土化，亦难有可能渡过继受法学的风陵渡。

方法，始终比母法来得更重要。

第二章　继受法学的学术生产[*]

历经二十年的征程，东亚最主要的国家——中国和日本，终于结束了这一轮再法典化的赛跑，两国都将施行各自的新民法典。二十年间，中日两国法典化的进程不仅带动各自国内民法理论的活跃讨论，而且翻动区域内的法典化热潮，抚今追昔，这一刻很容易让人想到百多年前中日两国对欧陆民法的初次继受。相较彼时完全移自域外的继受法典，中日两国今日的新法典——无论是否业已存在形式上的民法典——都已是在既有法规范上的再法典化。二者最大的不同，就是往日的法典意在促成民族国家的现代化，但今日的法典编纂则更多是在反映既有法教义学和司法实务的基础上，面向现代国家与社会的需要实现再体系化。

因此，如果说百年前的法典是继受法域法教义学的起点，那今日的法典则仅是继受法域法教义学的节点，往日的法教义学凝萃成法典，而来日的法教义学又可由新的法典自然流出。从这个角度来看，代表大陆法系成就的法典与法教义学可说相生相随，中日两国今日的再法典化，也是对两国过去数十年之间法教义学成果的总检阅。我国将侵权责任法独立成编、日本以合同之债为中心重整债法，其中都可以看出两国法教义学成长的轨迹。

两国法典对比各自上一代继受法典有多少进步，尚需更多时间来建立起评价体系，以作进一步观察；今日中日的民法教义学有多少制度的

---

[*] 本章曾以《也是西风渐东土——〈民法研究指引〉的指引》为题发表于《交大法学》2021年第2期。

不同,将来也会有学者细细述之。但如果把中日民法学的较量比作一段接力赛跑,吾人在回顾成绩的同时,更重要的恐怕是检讨各自训练体制的利弊得失,以求能取长补短,为下一个赛程做好起跑的准备。因此,本章试图从学术生产机制的角度,回顾中日两国法教义学是如何生发的,为今日两国法典的历史流变做一个解码工作,相信这种回顾也可以为下一阶段的法教义学甚至广义的法学研究提供一些参考。

一、易代之风

严格来说,今日日本民法典的修改者群都是战后的第二代学者,主要活跃于刚刚结束的平成时代,但是民法典的修改,却可以说是对战后法学成果的总回应。作为他们师辈的战后第一代学者,如星野英一、平井宜雄等,均是在日本的经济腾飞时期进入学界,然后在上世纪八九十年代的昭和平成之交逐渐淡出,所以欲对法典之变推源溯流,还要从昭和后半期的日本学界说起。

不论以今日还是当时的评判标准来看,昭和后半期的战后第一代民法学者,都是空前璀璨夺目的存在。战前对罗马法的研究和对德国法教义学的继受,使得日本迅速走过粗疏的立法时代,法解释学自此有了相对高的密度和精度。① 而战后日本经济的复兴和社会结构的翻转,则为其提供了前所未有的新材料和新挑战。铃木禄弥、太田知行对对抗主义模式下物权变动的解构②,北川善太郎对契约责任的重

---

① 关于日本民法的继受史,详参〔日〕北川善太郎:《日本法学の歴史と理論——民法学を中心として》,日本評論社 1968 年版。中文文献的介绍,参见段匡:《日本的民法解释学》,复旦大学出版社 2005 年版。

② 〔日〕铃木禄弥:《物权的变动与对抗》,渠涛译,社会科学文献出版社 1999 年版。〔日〕太田知行:《当事者間における所有権の移転》,勁草書房 1963 年版。需要注意的是,虽然太田的著作早于铃木,关注的主题和结论也相似,但影响却不及铃木,一个很大的原因,在于太田受当时学风的影响,其最主要用了外学科的方法(符号逻辑学),而彼时学风却已向新的教义学转变。

构①,平井宜雄对损害赔偿法的再造②,星野英一对法人法、时效法的重诠③,战后民法学者有着战前学者所未有的历史条件与基础,一方面,他们不必耗费过多精力借鉴比较法来补齐规范粗疏的先天不足,另一方面,他们又面对后辈学者所未见的社会激变,使得这一代学者拥有相当多元的处理现实与理论的问题的视角,让日本民法真正走过继受法阶段,具备本国的材料与教义学体系。

昭和后期的多元学风,其成因本身也相当复杂。有的是源于战前学风的延续阐扬,比如侧重从社会经济史角度对法律功能变迁的考察,就是我妻荣时代留下的遗产,此一学风后来为川岛武宜等人所继承,至平成时代的吉田克己、加藤雅信等仍有余响。④ 又如回溯罗马法、近代欧洲法史的传统,在战前已为鸠山秀夫等人所力倡,昭和以至平成,在不同的学校都有数脉以传。⑤ 有别于前代,昭和后期的鲜明特征是受到了后来居上的法国法和美国法的影响,一方面,自留法的星野英一开始,民法中越来越多的条款被发现是"德皮法骨",对法国法的精研使得昭和前期继受的教义学不断被解构;另一方面,恰逢日本社会面对结构性变革之机,太平洋东岸吹来的美国法方法与材料,使

---

① 〔日〕北川善太郎:《契約責任の構造》,有斐閣1963年版。
② 〔日〕平井宜雄:《損害賠償法の理論》,東京大学出版会1971年版。
③ 〔日〕星野英一:《法人論——権利能力なき社団・財団を兼ねて》、《時効に関する覚書——その存在理由を中心として》,载氏著:《民法論集(四)》,有斐閣1978年版,第131—158页,第167—314页。
④ 川岛武宜在东京大学继承并发扬了我妻荣开创的这一传统,但在川岛之后,这一传统并未在东京大学得以延续,而是因东京大学的毕业生在名古屋大学(加藤雅信)、北海道大学(吉田克己)等大学继续留存。简要介绍参〔日〕大村敦志:《民法总论》,江溯、张立艳译,北京大学出版社2004年版,第84—93页,相关著作的中文翻译,可参〔日〕加藤雅信:《"所有权"的诞生》,郑芙蓉译,法律出版社2012年版。
⑤ 我妻荣的老师鸠山秀夫虽以对德国学说的继受名世,但其对罗马法和近代法史的研究同样甚精,如其对无因管理的研究即是一例,〔日〕鸠山秀夫:《事務管理ノ起原及本質》,载穂積陳重等编:《私法論集:土方教授在職二十五年記念》,有斐閣書房1917年版,第320—359页。后来罗马法研究渐次脱离民法教席,由比较法教席所承担,但最近日本罗马法研究大家木庭显又很明显地回归民法,有为民法重植根基的倾向,值得注意,如〔日〕木庭显:《法存立の歴史的基盤》,東京大学出版会2009年版。至于近代法思想与法制度对应关系的研究,在九州大学担任民法教席的原岛重义多有重作,但是今日学界后继者似乎寥寥。

得脱体系思考的社科法学大行其道,昭和后期风靡一时的"利益衡量论"也正是在这个背景下诞生的。

倘若激变的昭和时代就以这样的多元学风结束,相信日本面对的就会是解法典化,而非今天的再法典化。正是在昭和时代的末尾,平井宜雄以"法学思考与法学教育的溃堤"为题,书写连篇力作剑指以星野英一为代表的"利益衡量论",批判从民法领域迅速蔓延到整个法学界,掀起了战后第二次法解释学论争。[①] 平井跟星野的论争在学术史上的意义,三十年来各家自有不同的解读[②],但在当时,这场论争以平井的胜利告终,使得民法学界一改战后脱离体系的研究传统,多元多面的民法研究一时万籁俱寂,学者们也迅速回笼于教义学的体系建构。

伴随着这场论争的余响,日本民法学界走入了平成时代,在新生代的学者——登场之时,平井在上个时代末尾的厉声厉言仿佛用金箍棒划出了禁地,几乎无一人逾雷池半步。"平成"二字对民法学界则是亦喻亦谶,平成前半学者纷纷致力于民法教义学体系内的重整,比诸昭和后期的多元境界可谓之"平",平成后半学界则全力投入债权法修改,积十余年之力亦终有其"成"。[③] 在平井之后,日本民法学界即入大阖之境,再少有方法论上的争论,齐齐投入纯粹的本国法教义学及案例研究,但如果没有昭和时代母法研究和方法论争论的大开境界,今

[①] 关于星野、平井的论争,中文文献参见张利春:《日本民法解释学中的利益衡量理论研究》,法律出版社2013年版。

[②] 大村敦志就区别了加藤一郎的利益衡量论与星野英一利益考量论的不同,并指出平井对星野理论存在错误定位。另一方面,平井自身曾师从卡拉布雷西(Guido Calabresi),是将法经济学引入日本的第一人,可见在研究上平井并不排斥多样的方法。参见〔日〕大村敦志:《民法总论》,江溯、张立艳译,北京大学出版社2004年版,第99—104页。

[③] 日本的法学研究原本最主要是靠助手和博士课程的培养,但一个不容忽视的背景转换,是日本法科大学院的改革,使得入读博士课程的法学研究人才锐减,教师的教学任务则不降反增,再加上立法时代的到来,使得民法学研究长期处于低增速的状态。相关背景及问题参见〔日〕铃木贤:《走到十字路口的日本法科大学院制度》,载《法学家》2009年第6期。

日以契约责任为中心的法典修改等很多中心,也都是所来无由。①

因此,我国的民法学者在看今日日本民法学说与法典关系之时,不能不注意自昭和到平成的背景转换。上世纪后半叶以来,两国所经过的历史差异甚大,中国民法学在过去三十年中压缩式地走过了日本两个甲子的道路,而当下我国身处的剧变,面对的多元比较法背景与多元学风②,显然更近于日本的昭和时代。如果不顾历史背景的不同,将我国的民法研究也仅囿于纯粹法教义学的研究,无疑是误将他乡作故乡。③ 事实上,举旗批判社科法学的平井宜雄只是站在法学教育的角度,强调法教义学作为主干课程培养模式的重要性,平井自己也在广涉法经济学、社会心理学的基础上创作了《法政策学》④,只不过这场论争后来不可预料地从法学教育延烧到了法学研究,浇熄了昭和时代日本民法研究的多元学风,今日回头来看,留下的遗憾恐怕并不比成就来得少。

二、体殊用别

无论对日本民法学的研究进路是否清楚,识得汉字的国人只要随

---

① 参见〔日〕平井宜雄:《法的思考樣式を求めて——三五年の回顧と展望》,载《北大法学論集》1997年第47卷第6号。

② 比如我国法学研究者在介绍法学研究方法时,会介绍很多社会科学方法,参见何海波:《法学论文写作》,北京大学出版社2014年版,第87—108页,第115—118页。此书第三讲的标题就是"调查",所使用的基本都是社会科学的方法,第四讲中"统计数据"也并非传统的法学方法。

③ 另外需要注意的是,日本的法学部包括法学与政治学两个学科,研究科(硕博士课程)是法学政治学研究科,政治思想史甚至广义的思想史都在政治学,法学部本科也需要学习大量的政治科学知识,所以从教育上说,日本法教义学的教学与研究都是有一定的基础视野的。但我国大部分都是独立法学院,即使是社科学院里的法律系课程设计上也集中于法学,专业教育的宽度并不及日本。

④ 〔日〕平井宜雄:《法政策学》,有斐阁1995年版,国内文献的介绍参见解亘:《法政策学——有关制度设计的学问》,载《环球法律评论》2005年第2期。

意翻检几篇日本博士论文或助手论文的目录,即可发现谋篇布局几无有新意——问题意识、外国法立法史、外国法判例与学说、日本法立法史、日本法判例与学说、结论——不同论文的章节前后安排或有相异,但内容不外以上几部分。

细读几篇这种被引以为日本民法学界"正统"的"和风八股文",就可以发现这种论文结构存在若干特点:其一,不同部分功能区分清晰,绝无交杂议论之举;其二,论文必然论及外国判例学说,且所有的外国法介绍备极细密,确定论述的对象规范后,不预设立场增削材料;其三,论文的目的,早期多旨在厘清继受法的混乱之处,晚近者则多从外国法中抽象理论以用于本国;最后,也是最值得一提的,是在日本的评价系统里,整理透彻本身就是贡献,相较于沉潜考索之功,这些文章所发的议论较为朴实,断言则是慎之又慎。此种论文写作方式虽然主要是对第一论文(博士论文或助手论文)的建议,但如果关注学者们在第一论文之后的长篇论文,可以发现几乎也都是循此模式作成。

换言之,在日本,这样的论文模式不单单是习见,毋宁说是学术研究的主流[①],若将这些文章与国内的期刊文章相与参看,即可发现两国的学术生产模式存在很大的不同。简单地讲,日本的论文分部明确,循外国法的逻辑对其翔实介绍,而后再以本国法的视角重新咀嚼;而我国的论文则混成两部,一开始就强调循本国法逻辑介绍外国法,介绍要求扎实而精要,在此基础上并有较大的创见。

粗看起来,中日两国的论文均涉及内外的视角,不过是论文形式有所不同,但仔细观察每一篇论文的累积效应,就可以看到两国之间的差异——日本的论文整体篇幅较大,进行外国法介绍时不以本国视角先行增削,故其比较法的积累迅速;而我国论文因篇幅有限,常常只能见到外国法的只鳞片爪,外国法的真正逻辑如何常如盲人摸象,虽经

---

① 与此相对,出版社主办的期刊如 NBL 就比较注重现实问题。出版社期刊中比较异类的是有斐阁的《法学家》(日本期刊原名 Jurist),《法学家》杂志基本也面向现实问题,但有时又有理论抽象度相当高的文章。一般来说,日本学界的学术积累主要依靠大学纪要(类似于我国的大学学报法学版),但重大理论问题的争论,可能放在《法学家》。

年累月恐亦难窥其全。① 另一方面,日本论文论及本国法部分,通常建立在详实的案例梳理之上,每一则案例的分析皆可一一回溯,在此基础上提炼出来的理论相对朴实,而我国由于篇幅限制、案例取择标准等种种原因,许多论文在案例选取方面往往是"为我所用"的目的性取向,所归纳的裁判现状与由此申引的理论有时信度堪忧。换言之,日本的论文工法更近匠人,而我国的工法则是近于设计师。长此以往,日本虽然每一篇文章创新寥寥,统一的范式却使得学界容易达成共识,研究的程度与方向均能得以明确,整体来说,学术进展其实并不算慢。与此相对,我国自主与创新意识虽强,但基于上述原因,主题相对零散,关于同一主题的文章,共识度却未见得很高,不管是比较法的进展还是本国实务的归纳、本国法理论体系的构建,总体上都很难说比日本高明。当然,反而言之,日本学界的很多介绍囿于上述形式要求已太过细碎,我国部分论文对比较法的扎实介绍已远胜于日本。② 另外,如果混合继受本身已经打下了死结,日本这样精耕细作的工法很多时候到头来可能全是无用功,倒不如我国把握时机快刀斩乱麻来得更利落。③

两国民法学乃至法学论文风格的差异,与其说是由法学学科特性造成的,不如说其根源在于两国知识界整体背景的不同。就传统而言,中国乃至韩国的知识界因为有科举制度的影响,知识人报国淑世的情怀深重,所学所用急于付诸当下,因此即体而用的文章作法从来

---

① 当然和日本相比,我国对外国法的翻译量大大出超,但是概论性的教科书较多,自成一家的体系书翻译就已少见(如弗卢梅的《法律行为论》)。除此之外,虽尹田对法国民法、于敏对日本侵权法、吴一鸣对英国土地法都有相应的非译著介绍,但相比起日本来,有问题意识的、针对性、深度性俱强的专题介绍就极为少见。

② 如关于德国侵权法上违法性的变迁,李昊一篇文章扎实而扼要的介绍,可以抵得上日本一篇优秀博士论文的贡献,参见李昊:《德国侵权行为违法性理论的变迁——兼论我国侵权行为构成的应然结构》,载《中德私法研究》第 3 卷,北京大学出版社 2007 年版。

③ 德国民法理论也有自身的问题,比如过分注重意思在法律行为和归责原理中的作用,就像继受德国理论的日本或台湾地区,在合同的无过错责任上,就都走过非常蜿蜒曲折的道路,莫不如在上世纪末继受 CISG 的我国《合同法》来得简洁明快,从这个意义上说,我国的后发优势和主体优势确实应该善用。

也就不少见；而日本因从未移植中国的科举制度，知识人作为匠人的一种，素以学术为业，与政治、社会都保持距离，所以也就没有那么强调实用与创新。① 除此之外，日本自千年前就单向地移植外国文化制度，并且为探寻其自身独有的特点，一直强化汉和之分，如关西汉学界对中国的学问从来就是立足中国去理解，为的就是能够在充分了解移植母国制度之后，发展出自身的特色。而我国在传统上多是制度的原创国，在隋唐佛学融于宋儒之后——即此亦非制度上的移植——已近千年未接受过移植的冲击。② 如果再把目光转向近代，日本在近现代直到在第二次世界大战中战败，整个过程都是依随、强化传统而展开的，而中国近代的一再溃败使得中国的近代化与反传统如影随形，导致两国对创新的功能与限度的理解都有很大的不同。③

以上种种原因交杂在一起，形成了法学领域日本守成求其细致、中国开拓求其创新的论文风气，日本法学界常见的论文作法，纵使可以为我国硕博士论文所借鉴——尽管因为整体学风的影响，事实上我国也只有少数博士论文循此种模式，对外国法和本国案例进行极完整详尽的整理——也绝难移植到我国期刊论文的学术写作上，我国的研究者对此不可不察。反而言之，我国学界高度的主体意识和创新意识，确实也有足堪让亦步亦趋的日本学界羡慕之处。④

若明白中日两国法学论文以及学术生产模式的差别，实在有着渊源已久且难以更易的历史背景，且利弊各自有之，就不会轻言在比较法的世界中改弦更张了。如何在我国目前的制度背景下趋吉避凶，在

---

① 〔日〕渡辺浩：《東アジアの王権と思想》，東京大学出版会 1971 年版，第 126 页以下，转引自葛兆光：《且借纸遁》，广西师范大学出版社 2014 年版，第 70—71 页。
② 子安宣邦就认为差异化是日本文化成立的前提条件，参〔日〕子安宣邦：《东亚论：日本现代思想批判》，赵京华编/译，吉林人民出版社 2004 年版，第 78 页。
③ 林毓生：《思想与人物》，联经出版公司 1994 年版。
④ 值得注意的是，留日归来的成名民法学者也并没有完全遵循日本传统的这种写法，解亘、周江洪两位学风各有不同，前者注重结构性问题的把握，后者作文则紧扣条文意细而精，但都不是日式经典写法，两人唯一相同的大概就是都选择了日本法判例评析的方式。这也足以说明学术生产模式而非留学背景决定了论文写作的方式。

有效的学术积累与本土化的创新中找到平衡之道,毋宁是当下真正需要去思考的。笔者建议第一步要去做的基础性工事,是提高对论文问题意识部分的要求,以促使学者对目前的学术争议作有效整理。① 在此基础上进一步可以做的,是在专业学会与期刊中增加对外国法研究与理论研究的有效综述,使得不同维度的创新可以迅速汇聚到同一个频道上讨论,以凝聚共识与问题。② 比较长远的目标,是最好在法学综合性期刊外,强化部门法学期刊的建设,深化部门法学者之间的深度沟通。③

当然,小题大做的论文作法很大程度上确实可以为博士论文所用,以增强我国的比较法积累,明确裁判实务,不过日本博士论文长期偏执于小题大做这一端,也未必全然适合于我国当下的国情,此点容后详叙。

---

① 在文献回顾上,法学与其他社会科学存在比较大的区别,社会科学的文献回顾一般侧重分析数据和理论框架,而法学则比较注重整理学说争点。但其实日本的大部分论文文献回顾都不是很充分也未必很出彩,因为大部分论文属于有高度问题意识的论文。只有部分优秀的论文,在回顾部分就很出彩,这些论文一般是通过整理,提出了学界非共识性的问题意识,实现了问题的重新建构和视角转换(日文用"再構成"这一用语),参见〔日〕大村敦志等:《民法研究指引》,徐浩等译,北京大学出版社 2019 年版,第 144—145 页。另参下文的关于风气流变的论述,在回顾部分很出彩的论文,一般都带来了风气之变,或者至少是埋下了转变的预流。

② 日本《法律時報》杂志在年末都有学界回顾,大致都是分主题罗列论文,我国也有类似的学界回顾,如王利明和石冠彬合著的《2018 民法学理论研究热点综述》,就曾以《民法学:为民法典编纂建言献策》为题刊登于《检察日报》2019 年 1 月 6 日,所不同的只是是否罗列论文而已,因此初看起来,两者差别似乎不大。但其实在互联网数据极易获取的今日,此类学界回顾的意义值得反思,日本真正有质量的学界回顾,如《法律時報》《民法講座》《民法典の百年》《民法の争点》,简易版的有《民法の争点》等著作,这些回顾在定位贡献、凝聚问题意识方面起到了很好的作用,中文世界这方面比较好的著作,可参谢鸿飞:《合同法学的新发展》,中国社会科学出版社 2014 年版。

③ 苏永钦在担任台湾地区法律学科召集人之时,就考察了德、美、日三国法学期刊的学术生产模式,提出了应该建立专业期刊,初期还应引导专门议题,以增进学术生产的效能。我国的《私法》《中德私法研究》等辑刊就是类似期刊,但是限于目前的学术评价体制,大部分辑刊的投稿量不足,各辑刊的效果如何还是高度取决于编辑。退而求其次的目标,恐怕就是希望著名期刊有意识地引导重要专题的深度发掘,如《法学研究》历年举行的论坛等。

三、理实其融

再进一步比较两国民法典的差别可以发现,日本再法典化过程中,判例融入立法是压倒性地多于我国。这其中当然有日本判例积累时间长于我国的原因在,但以方法层面观之,则究竟是其判例研究方法与我国的不同。

虽然大陆法系唯一的规范性法源就是法条,但判决法理作为法教义学的展开,在任何一个大陆法系国家或地区,都受到相当高的重视。继受法国家的法典原本来自异域,要将抽象的法条与本土环境拉合到一起,对判决法理的精研就更显其重要,也因此,判例评析可说是日本法学的最基本训练。不过,仔细比较继受法域判例评析的方法,可以发现日本对于判决法理的研究方法,和我们熟悉的王泽鉴式的判决研究多有不同。简单地说,王泽鉴在我国台湾地区对判决法理所作的研究,几乎无一不是将德国的学理以判例研究的方式注入台湾地区的司法实务。王泽鉴自己也承认,早期写作判例研究时曾刻意避免引注德文原著,直接用中文阐述德国法理,以期引导法官裁判。[①] 因此,我国台湾地区民法学的德国化并非仅因其法典取法德国甚多,而是自1970年代起王泽鉴引导的如上判例研究——以德国学理注入台湾地区裁判,通则誉之,否则菲之——司法裁判才真正实现了德国化。[②]

[①] 一个最典型的例子是使得王泽鉴连作三文的出卖他人之物,反复谈的也就是德国法上负担行为与处分行为的基本区分,但是台湾地区民法其实跟德国法相当不同,德国的登记必以经公证的物权契约为前提,而台湾地区只有一张买卖契约的文书,唯一的书面是登记时向登记机关提交的文书,本质上两岸反而最为类似,因此在台湾地区谈物权行为独立性、无因性的问题,说到底不过也只是学说继受。参王泽鉴:《出卖他人之物与无权处分》《再论出卖他人之物与无权处分》《三论出卖他人之物与无权处分》,载氏著:《民法学说与判例研究》,北京大学出版社2015年版,第303—334页。

[②] 当然也并不能说实务就因此实现了完全德国化,孙森焱的债法、谢在全的物权法多引日本法,对法官影响甚深,事实上因为王泽鉴少治物法,债法修改的整个过程又未参加,台湾地区的民事司法与民事立法在20世纪后半叶受日本影响实际是非常大的。

以京都大学为中心,早期的日本学界也存在王泽鉴这种由理入实的判例研究的方式,因为多发表在《民商法杂志》上,所以被称为"民商型"判例评析。与之相对,以东京大学为中心的"判民型"判例研究则深受美国法影响,习于由实入理,注重从判决中抽取先例性规范。这两种类型的判例研究并没有共存很久[①],上世纪上半期还未结束,日本的判例研究就收束于由实入理的"判民型"。今天我们站在中国大陆再隔海相看日本与台湾地区的判例研究,当然会问:究竟哪一种判例研究方法才是今日中国需要的?日本的判例研究又为何有短时间的并存类型之后,就归于一统?

事实上如果仔细观察两地继受的阶段、母法的背景、裁判的质量等因素,就可以找出一些问题的线索来。早期不管是日本还是台湾地区,在继受法典之后,都经历过让法典在司法中落实这一阶段,这个时期民事规范的密度是继受司法者的第一需求,因此在我国台湾地区就出现了王泽鉴式、在日本出现了民商型的判例研究,说到底不过是以案说法,来讲清楚德国法的道理,以为裁判者增加规范的密度。[②] 但是以案说法的法理继受显然也并不是理之必至,等到外国法教科书一本本翻译过来、本土的教科书也都理络分明的时候,这种判例研究也就应该渐次式微了。

另外一个不能不注意的差异,则是我国台湾地区民法的继受背景相对较为单一,而日本法的继受背景则更加多元。后者在上世纪上半叶也曾做过大规模的德国法继受,但法典本身"德皮法骨"的结构决定了其不可能通过单纯的继受实现教义学上的自洽,德国法的解释论与裁判实务多生龃龉,所以学者只能选择自下而上、由实入理的判例研究,最大善意地去理解实际裁判中的法理,将其抽象出来再与法典进

---

① 当然民商型以何种形态存在、存在了多久,在日本学界也有争论,参见〔日〕大村敦志等:《民法研究指引》,徐浩等译,北京大学出版社2019年版,第247页。

② 日本与我国台湾地区有相同的德国法背景,长期以来,继受德国法的法教义学是基于稳定性的需要。德国与这些继受法域不同,其是从教义学凝结成法典,法典融于教义学体系之中,所以其教义学更多的是提供弹性。关于法教义学稳定性与弹性的体系功能(卢曼的系统论对法教义学的功能分析),参见顾祝轩:《民法系统论思维:从法律体系转向法律系统》,法律出版社2012年版,第64—76页。

行体系化的接合。① 当然,日本学界这样做的另外一个不容忽视的背景,是低通过率的司法考试使得跻身法官者的专业素质相当高,判决的质量也有相应的保证。

在以上讨论的基础上,回看我国的判例研究,恐怕难以径取日本今日的判例研究模式,但完全从我国台湾地区式的判例研究,也非全无问题。以母法的多元性来看,混合继受更加复杂的我国似乎应当取法由实入理的判例研究,但以继受的阶段和司法的质量来看,又有充分的道理采由理入实的研究,以增加规范的密度。因此,今日中国并不应非此即彼地选择"民商型"或"判民型"判例评析方法,而应在区分领域、功能的基础上,再明确方法的选择——母法明确的应采以案说法的方式,而母法不明确特别是混合继受的,在司法裁判有起码质量保证的基础上,则应采先例性提取的方式②——如果无此功能意识地混成两者,那判例研究很可能就会南辕北辙,最终让法典与实务的距离越来越远。

四、化洋为我

判例研究之外,法教义学的另一活水则来自比较法。继受法学研

---

① 台湾地区的判例研究也不是一成不变,王泽鉴的类推适用是典型的由理入实,其中的"理"基本是德国已有的法教义学,如王泽鉴:《关于邻地通行权之法律漏洞与类推适用》《同时履行抗辩:第 264 条规定之适用、准用与类推适用》,载氏著:《民法学说与判例研究》,北京大学出版社 2015 年版,第 117—127 页,第 1226—1253 页。与此相对,吴从周的类推适用处理的多是德国法上所无的问题,典型的如其对违章建筑物权的阐述,显然比王著更认可实务的智慧,定位介乎日本今日的判例研究与王泽鉴式判例研究之间。但其德国底色仍重,并没有像日本那样紧贴判例法理进行论述,参见吴从周:《再访违章建筑——以法学方法论上"法秩序一致性"原则出发观察其法律性质与地位》,载《法令月刊》第 68 卷第 6 期。

② 我国因为四级二审的审级制度,无法建立完整的案例体系,对于指导性案例、最高院或省高院的判决书,比较适合进行由实入理的判例研究,与此相对,对于下级法院的执行文书,可能就不应从中抽取太多的裁判规则。2018 年"比较民法与判例研究会"曾以一份无锡的执行文书为基础来探讨我国法院对骗取金钱清偿债务的裁判立场,就为学者和法官所质疑,相关论文参见《东方法学》2019 年第 2 期。

究如何化洋为我,在这一点上,日本学界对比较法研究的功能价值与类型区分同样值得一说。日本的比较民法学研究强调"在选择研究对象时,应立足外在视角;分析研究对象时,则应坚持内在视角"①,此点前文已有详述,不复赘言,重要的是学界广泛地有意识地区分了继受法的研究与功能比较的研究:前者是由于继受法国家的特质,继受法的研究必须溯回到母法,才能分析出继受的流变、其与母法的差别;而功能比较则不必限定比较的对象,只要找到其他法域功能相同的部块,就可进行比较。② 对继受法研究与功能比较,日本还区分了很多可以交叉、细分的次类型,此处不拟细论③,但仅此二者之大别即足堪我国学界警醒。

依上文之述,我国台湾地区因母法相对单一,民法基本结构泰半袭自德国,是故民法教义学继受自德国并无挂碍,此种情况下化洋为我最经济的方式,就是照搬母法国相似的法教义学。④ 20 世纪 80 年代以来,我国大陆民法理论的所成始自对我国台湾地区民法学说之学习,不但立法深受海峡对岸影响,连比较法研究方法也继之从之,以致进入新世纪之后,学者亦多取径德国,使得我国大陆民法也同台湾地区一样迅速德国化。但无论是《民法典》合同编的无过错责任还是物权编中的登记对抗规则,我民法在基本制度上混合继受甚显,与台湾地区在民法基本架构的差异不可以道里计,故单纯继受德国法的研究在海峡对岸或可成之,但在此岸却足以害之。过去二三十年中,从继受的具体制度到方法论的论述,大陆学界未区分继受法研究和比较法研

---

① 参见〔日〕大村敦志等:《民法研究指引》,徐浩等译,北京大学出版社 2019 年版,第 138 页。
② 同上书,第 136 页。
③ 参见〔日〕大村敦志:《民法总论》,江溯、张立艳译,北京大学出版社 2004 年版,第 74—83 页;〔日〕小粥太郎:《日本の民法学》,日本評論社 2001 年版。
④ 只是到了最近,才有学者开始呼出台湾地区只有继受法并无比较法的声音。参见陈忠五:《战后台湾地区财产法学说变迁》,载台湾地区法学会台湾地区法学史编辑委员会编:《战后台湾地区法学史(上册)》,元照出版公司 2012 年版,第 222—223 页。

究所起的无谓争端,实在已经不少。① 而时至今日,恐怕还并不是所有人都意识到,法学研究看似在质料上取法德国,其实在方法上是未尝反省台湾地区母法继受这一比较法研究方法的怠惰。②

在区分母法继受与功能比较之外,日本比较法研究另一足堪观者,是其比较法的整体性。日本大学的法学部因专设有比较法的教席,故有系统性的比较法研究,这点一直影响到部门法的学者。③ 比如今日日本民法领军者之一的大村敦志就曾著有《法国民法》一书,副标题是"(法国民法)在日本的研究状况",此书意并不在介绍法国民法研究的内容,而是清晰定位了日本民法学者为何去研究法国民法的某个理念、某项制度,在每个具体课题上目前研究的深度如何,未来可以继续努力的方向又在哪里。今日中国对外国法的教科书、体系书的翻译已远胜于日本,但外国法的翻译著作毕竟没有本国的问题意识,如大村著《法国民法》这样以日本对外国法详尽的介绍为基底作成,为后续研究提供确实出发点和问题意识的工具书,现在是缺乏的,且以今日的学术积累看来,若干年之内也不可能会有。

要深究这其中的原因,恐怕还是要回到两国留学体制的差异。中国及韩国两国留学以取得硕博士的学位生留学为主,故其长于语言及对外国具体制度之了解;而日本则以已经取得教职的学者留学为主,故其长于本国问题体系中取外国而法之。因此尽管中国作为欧亚大

---

① 比如对利益衡量论的继受就有这个问题,利益衡量从缘起而言,有混合继受、时代变革的背景,也有适用领域局限,但在我国,梁慧星将其拉到与法律解释、漏洞补充相并列的地位,梁上上更是有将其一般化的趋势。梁慧星:《民法解释学》,法律出版社2015年版,第316—339页;梁上上:《利益衡量论》,法律出版社2016年版。

② 就对《民法总则》条文的解释而言,仍有学者坚持对非继受于德国的法条进行德国式的"漏洞补充",如此因留学国别而言人人殊,只会徒增许多无谓的沟通成本。参见张家勇:《论无权代理人赔偿责任的双层结构》,载《中国法学》2019年第3期。金可在此处的观点就完全脱离文本从德国法的文意解释。

③ 这是日本大学的传统,在同样有继受问题的文学部,也开设中国文学讲座,但是法学与文学终有不同,早期的比较法与实定法的研究领域确实有比较大的差别,但是随着比较法材料和密度的增加,现在看来实定法与比较法教席越来越有融合的趋势。参见〔日〕大村敦志等:《民法研究指引》,徐浩等译,北京大学出版社2019年版,第188页。

陆的大国,在文化上比日本更具有主体性,但是在法教义学的自我创见上,却很难说就胜于日本。说到底,是日本在外国法的研究上虽未必比我国更多自信,但却不乏以上化洋为我的体制所致。

五、点面风神

昔者章学诚曾以"方以智"与"圆而神"来区分五经[①],今我国人看日人之文,总有会觉其踏实为文,缘方而智,但却从来高明不足。但事实上,学术生产如果仅是缘细求微,而无法引起同行的共情,即使在日本也会被归于方而无智的资料整理,更勿论其神。在没有期刊课题评价但学术共识度仍极高的日本民法学界,真正的足堪留于后世的学术生产,都必须接合既存的学术传统,进而推进、引领甚至改变潮流。

近世自然科学的实证传统进入人文社会科学以来,材料上的进步容易判断,学界的风潮之变则不易捕捉,也未必被重视,我国新文化运动以来更是如此。[②] 但在日本法学界,科学主义与材料主义却非学界一贯的主流[③],民法学界大凡有成就的作品,都是在"面"上做研究,从"点"上着手,最后积点成面笼括成有规模的全盘研究,从而引领改变学界的风气,由点及面进之风神,通透性极高,步步亦皆有迹可循。

举例来说,在我国被认为是日本民法学集大成者的星野英一,在踏入学界之初写作的《不动产租赁法之渊源》[④],虽然也对罗马法、德国法作了翔实整理,却很难说是什么出彩之作,更勿论有何方法上的自觉,可以说当时的日本民法学界也并未因此泛起涟漪。但自 20 世纪 60 年

---

① 章学诚:《文史通义》,上海古籍出版社 2015 年版,第 14 页以下。
② 王汎森:《"风"——一种被忽略的史学观念》,载氏著:《执拗的低音:一些历史思考方式的反思》,生活·读书·新知三联书店 2014 年版,第 167—210 页。
③ 参见〔日〕川岛武宜:《作为科学的法律学》,申政武等译,载氏著:《现代化与法》,中国政法大学出版社 2004 年版。
④ 〔日〕星野英一:《不動産賃貸借の淵源》,载氏著:《民法論集(三)》,有斐閣 1978 年版,第 277—392 页。

代始,虽然星野仍在法人、时效等方面分散研究,但是其后已可见明晰的方法论,关于此中的变化,据其自言是受了两重影响:一重是川岛武宜的《作为科学的法律学》①,一重是留学法国的思想与材料(包括因此而对民法典中法国法印记的兴趣)。特别是星野学术生涯的早期初现其学术光辉的《法国民法对日本民法典的影响》一文②,其实是一篇大题小做的论文,成文时间尚在其名动学界的法人、时效研究之前。另一篇同时期所作的《编纂过程所见民法拾遗》,撷取若干条文分析了法国法的影响、立法者原意等,并没有做得多细致,但是点点相连,勾勒出其反德国法继受研究方法的初貌,介于小题大做和大题小做之间。③可见初期的论文小题大做与大题小做的选择之间,也不是那么绝对。小题大做的文章要有由点及面的意识,在研究者的心中铺开整张的研究地图——我们文化传统中所说的发微、阐微即意在此,所谓"微细而能见其大";大题小做的文章则是要有由面落到点的意识,至少对所及诸点要有大致正确的材料把握,虽不求点点落实,但至少不至于在细枝末节上无据。但无论何种文章,都要知道自身研究在整个研究方法中的谱系,在身处方法论的巨变期之时,甚至要作定学术上何去何从的抉择。

因此,无论在日本还是中国,一篇足够好的文章,除了细致的考证之外,同样不可少的是(至少在文中藏下)恢弘的问题意识。星野英一的先后文章正是不断地连接、拓展自身对法国法继受及利益衡量论的问题意识,最后才引起整个学界对其研究的趋之若鹜,以致改变了战前日本民法学独尊德国法逻辑的潮流,星野之后的日本民法学研究,

---

① 参见〔日〕川岛武宜:《作为科学的法律学》,申政武等译,载氏著:《现代化与法》,中国政法大学出版社2004年版。
② 〔日〕星野英一:《日本民法典に与えるフランス民法の影響——総論、総則(人—物)》,载氏著:《民法論集(一)》,有斐閣1970年版,第69—150頁。
③ 〔日〕星野英一:《編纂過程から見た民法拾遺民法九二条・法例二条論、民法九十七条・五百二十六条・五百二十一条論》,载氏著:《民法論集(一)》,有斐閣1970年版,第151—225頁。

都有非常明确的辨析继受母法的意识。① 一如前文所述,同样改变潮流的平井论文,其强调法律思考的独特性、强调日本法自身结构的问题意识,也为后世学者所承继受。修改今日日本民法的这一代的学者,可以说从抽象的方法意识到具体的论题选择,都继承了星野和平井创造的日本民法学的共同遗产。

非常遗憾,继承台湾地区传统的中国大陆民法学界一开始就缺乏自主问题意识。民国时期的民法典从产生至后来在台湾地区施行的数十年中,因战乱的影响,长期以来的论文都与教科书无异,整体上很难说到了研究的程度,更勿论研究范式的形成。② 直至王泽鉴自德国留学回到台湾地区之后,才以论文的方式系统性地将德国学理输入华人世界。非止于此,王泽鉴还在债法领域有目的地指定学生撰写专题论文,以继受德国教义学,影响了下一代甚至下两代学者的论文写作,至今台湾地区的民法长篇论文仍然可以没有长篇的本国判例分析,但绝不能缺少对外国法的解释论的整理介绍。③ 在规范饥渴的继受法地区,这样的论文写作方法确实能起到充实法理的作用,但真的很难说比德国民法注释书的翻译作品高明多少,因为这些作品几乎都是在不同领域平行推进,而前后作品之间的纵深推进却很难见到。最近,直到留德再留日的陈自强从债总里梳理出诸多日本民法学说的影响,学界才恍然大悟,原来台湾地区债务不履行的基本立场并不都是完全从德国来的。④ 此时离王泽鉴通过对德国的学说继受定鼎债务不履行三

---

① 星野的门生大村敦志(法国法)、森田宏树(法国法)、吉田邦彦(英国法、美国法)的第一论文,无一不是受星野影响回溯母法,厘清继受的错误,即使星野后期的对手,同辈平井宜雄也受到星野带起的整个学风的影响,其在助手论文中就细致回溯了日本民法关于损害赔偿的英国母法。

② 有学者曾称此阶段为"操作手册式/教科书法学",参苏永钦:《法学发展与社会变迁》,载氏著:《司法改革的再改革》,月旦出版社1998年版,第403—417页。

③ 我国台湾地区比较新的民法论文,如陈汝吟:《民法动物占有人侵权责任之比较研究》,载《台大法学论丛》2018年第4期,基本就仍然是单纯的比较法介绍和法理继受,几乎没有自下而上的判例分析。

④ 陈自强:《从继受观点看不完全给付之生成发展》,载《政大法律评论》2012年第4期。

分说已经过去几十年,债法这个最重要问题的纵深研究才往前推了一步。

因此可以说,我国台湾地区民法学界点状研究虽然勉强能在规范的密度上点点相连,最后成一个面,但是因为研究产能的限制,这个面之后的厚度是不足的。同样规范密度不足的中国大陆民法学界最初很自然地继受了同样的研究方式,但是随着最近几年留学归国研究者的增加、翻译作品的增多,这样的研究慢慢碰到了瓶颈。年轻的学者比如冯洁语对债权让与禁止特约的系列研究,就与单纯用德国法法理补强我国规范密度不同,在比较法源流与功能的辨析上有相当纵深的推进。① 可惜这些法教义学的深度都未能反映到法典的厚度中。

就像十几年前民法学界从大块的制度建构转向部门法教义学一样,年轻的学者们不能不看到今日这样的学风之变,看到学界的旧潮、新流乃至预流。如果没有对具体研究背后"风"与"神"的体悟,那就只能在量上堆积,很难铺开研究的面,下准学界的定石,最终应和甚至引领学界的潮起潮落。

六、尾　音

一时代有一时代之声音,中国民法学从立法论转向法教义学,从法教义学的浅水区走到深水区,二十多年来学术生产的主旋律一直在变奏。而日本民法学经过昭和时代和平成前期定型下来的学术生产体制廿余年主流未变,并非因其已终极定型,而是因为法科大学院改革后研究人数的锐减、民法学界齐齐对立法的投入,使得民法学研究的

---

① 冯洁语:《禁止债权让与特约的效力论——对继受日本学说的反思》,载《甘肃政法学院学报》2016年第3期;《论禁止债权让与特约效力的教义学构造》,载《清华法学》2017年第4期;《论法律行为对处分的限制——历史阐释与适用范围的教义学反思》,载《法学家》2017年第6期。

体量与潮流都看似无法比肩昭和时代。①

但是如果仔细观察平成后二十年,也还可发现日本学界由微而渐的变化,那就是在立法过程中,真正以日本为主体对各国法进行再消化,从日本法的角度进行重新整理,为日本法重塑型。虽然由于种种原因,重塑型的努力没有充分反映在新的立法之中②,但是从研究范式上一定程度改变了以外国法详细介绍为基底的论文写作方式——也是因为上个时代在外国法上的充分积累,使得新一代的纵深研究不必再一一详述外国法。③ 也许一个脱离完全继受法的日本民法研究风潮已在形成。

新的法典把民法学史差了好几十年的中日两国拨转到一起。立法时代过后,两国民法学者的赛跑才刚刚开始。日本的法教义学从继受走向自主,整整花了一个多世纪的时间。笔者当然不是说今日深具后发优势的中国学界也要重走一遍这样的路,但中日既同为继受法国家,两相对照之下,在学术生产体制与法教义学研究上,总还有些共通的道理是可以说得清的。取来他山之石相与琢磨,即使不足以趋吉,至少可以避掉些不必要的凶险。

当然,此地的研究者更不应该忘记的是中国和日本所面对的继受阶段和学界、实务界的软硬件条件都是不同的,而法教义学不可能不受制于这样的既有条件。日本学界已做到的,我们要立足于自身的环境去吸收;他们已经经过的旧潮,及尚未正在生发的预流,我们也不应该忽视。本章花大篇笔墨选这个不太为人所重的角度,分析我国大陆和台湾地区与日本继受母法、继受阶段、学界环境乃至司法环境的区别,所想讲清楚的道理,无非也就是这些。

---

① 〔日〕加藤雅信:《从世界民法制定史的角度考察日本民法典的修正》,吴彦译,载《南京大学法律评论》2018年第2期。

② 日本民法修改没有反映学界成果的体制原因分析,参见〔日〕大村敦志:《从三个纬度看日本民法研究:30年、60年、120年》,渠涛等译,中国法制出版社2015版,第145—179页。

③ 对于继受法域而言,再法典化如同百多年前德国民法的编纂,法典不再是基于继受,而是成为本国法教义学的结晶,因此对于有深厚比较法背景的日本民法研究而言,再法典化也许是研究方法上新时期的开始。

第三章 继受法域的案例教学*

一、鉴定式教学的下一步

盘点民法学界近岁的大潮,除却法典编纂之外,大概就是德国的鉴定式案例分析模式的风行了。① 回首共和国七十余年历程,民事基本法的起草与法典编纂几乎从未缺席于任何一个十年,但鉴定式案例分析教育的勃兴,却是这七十余年来头一遭。如果说法典化代表大陆法系法学与法治的必然境界,所以值得我们极七十余年之力去苦心求索的话,那面对鉴定式案例分析的洪流巨浪,笔者不免就要问一下,这样的教学追求,与今日的法学与法治究竟立于何种关系?如果不是先验地认可这种教育技术的必要性,而只是客观地将其当作要考虑本益比的一种制度选择,那至少不能置我国当下的法律人才培养目标、阶段

---

* 本章曾以《继受法域的案例教学:为何而又如何?》为题发表于《南大法学》2020 年第 4 期。

① 北京大学法学院、上海财经大学法学院、中国政法大学、华东政法大学、中南财经政法大学、西南政法大学等多所法学院校开设请求权基础的民法鉴定式案例教学的选修课程或暑期班。相关讨论与案例分析参见吴香香:《法律适用中的请求权基础探寻方法》,载《法律方法》2007 年第 1 期;姚明斌:《论出卖他人之物:一个基于请求权基础的分析》,载《研究生法学》2010 年第 3 期;许德风:《论基于法教义学的案例解析规则》,载《中德私法研究》第 6 卷;田士永:《"民法学案例研习"的教学目的》,载《中国法学教育研究》2014 年第 4 期;季红明、蒋毅、查云飞:《实践指向的法律人教育与案例分析》,载《北航法律评论》2015 年第 1 辑;葛云松:《一份基于请求权基础方法的案例练习报告》,载《北大法律评论》2015 年第 2 期;朱晓喆:《请求权基础实例习教学方法论》,载《法治研究》2018 年第 1 期。

与职业选择的现状于不顾。

放眼同属继受法域且同属汉字法律圈的我国台湾地区和日本,也许可以为上述的忧心找到一些经验上的证据。众所周知,我国台湾地区与日本的民事立法亦受德国影响甚大,法学教育也较之中国大陆起步较早,尽管两地在解释学上都不吝借法德国,但两地的法学教育至今未在民法上大规模铺开鉴定式案例分析课程。[1] 日本的法学教育已逾两个甲子,我国台湾地区的大学法学教育无论从民国初年的大学法律系教育还是从日据时代的台北帝国大学政学科起算[2],也经过九十多年的时光,以两地法学受德国的影响而论,其对德式法学教育绝不可能不知,但为什么两地仍然不约而同地选择了在这一点上偏离德国?德国的法教义学在多大程度上和其请求权基础的教育是配套的?继受法的世界去学习德式法学教育,是否存在某些必须思考的必要前提?

即使暂时不看日本和我国台湾地区的选择,只是把眼光放回到我国大陆,也可以发现在如火如荼的鉴定式案例分析教学中,至今还没有一所学校可以完整复制德国的模式,无论是开成暑期班还是选修课,显然也都只能完成鉴定式案例分析教学的初步。所以摆在眼前的更大问题是,如果目前的尝试只能完成初步,那下一步应该走向何方?是应该更进一步投入人力物力继续推进,还是仅以案说法式地习其方法,就止步于现今的状态?以上这些困惑,都会导向几个终局性、前提性的问题——法学教育如何与法教义学的程度相匹配?法学教育作为专业教育,如何与前端的全人教育、后端的职业教育作衔接?这其中有哪些是既定的条件,这些既定的条件,各自又在向何种趋势发展?

---

[1] 王泽鉴的《民法思维》可以说是我国台湾地区倡导请求权基础案例分析方法的典范,此书最初以《民法实例研习基础理论》为题写作于上世纪80年代,但时至如今,请求权基础的法学教育虽然也常见于我国台湾地区的民法教学,但是相关的案例分析课程至今仍未在大学全面铺开。参见王泽鉴:《民法思维》,北京大学出版社2009年版。

[2] 这两股教育的各自源流与融合的历史,参见王泰升:《台湾地区法学教育的发展与省思:一个法律社会史的分析》,载《台大法学论丛》第68期。

只有把鉴定式案例教学放回到全阶段的法学教育的背景下,考察其与法教义学乃至法学方法的关系,才有可能找到下一步的方向。而在这个过程中,放眼同属继受法域的日本和我国台湾地区,他们的选择和理由,应该同样值得去比较和思考。

二、法教义学功能对案例教学的影响

案例教学本就不限于鉴定式的案例教学一种,在此之前,我国业已出版的各类案例教学用书也不在少数。① 不过,无论如何定义案例教学,其作为一国整体法学教育的一环,一定服务于法学教育的总体目标,因此更为根本的问题在于,法学教育的目标为何?而归根结底,法学教育目标又可以归于我们究竟需要培养怎样的法律人才。如果将法律人才的培养分为实务型与研究型人才的话,前者对应两方面的教育目标,一方面是法学知识的传授,另一方面是法学方法的训练,在此基础上,后者则更要求对体系的联想力与批判力。

(一) 与法教义学对应的案例教学

当然,不论在英美法系还是大陆法系,法学知识的传授与法学方法的训练都是法学教育的中心,但是因为法源的差异,英美法系这两者均就案例而展开,而在大陆法系这两者则是围绕法教义学为中心展开的。② 法社会学家卢曼将法教义学界定为"不质疑法规范合理性的前

---

① 我国以往出版的案例教材呈现两个特点:第一是《民法通则》施行之后的绝大部分案例教材都旨在以案说法,如早期张佩霖等的《以案说法:民法通则》,甚至未必是实际案例;第二是民法教科书一般也承袭民国时代教科书的风格,一般不在书中讲述相关案例。我国台湾地区的民法教科书也是到了王泽鉴倡导请求权基础的案例分析方法之后,才比较多地将案例与法教义学并行讲述。参见张佩霖、杨仁家:《以案说法:民法通则》,人民出版社1986年版;王泽鉴:《民法总则》,北京大学出版社2009年版,第19—27页。
② 苏永钦:《司法造法几样情——从两大法系的法官造法看两岸的司法行政造法》,载《中德私法研究》第17卷,北京大学出版社2019年版。

提下,对其内容作的体系性研究"①,因此组成法教义学的两部分——一是关于法规范为何的知识,二是体系化法规范的方法——恰好与以上两种法学教育目标相对应。同样,对应法教义学的这两部分内容,大陆法系的案例教学也可以大别为两类。与法规范的知识传授相对应者可称为"以案说法型"案例教学,通常教科书中为阐述某一法条或法理典型适用情形时所举案例即属此类,对法教义学体系而言,这种教学方式基本只有"确认体系"的功能。与此相对,训练体系化方法的案例教学则可称为"以法释案型",此处的案例或与以案说法型无异,但教学目的却有不同,此种教学首重体系化思考方法的训练,以此强化既有的教义学体系。民法中请求权基础的案例教学,即可说兼具两种功能,但以"以法释案"的体系化思考训练为其中心。②

不过即使是在德国这种法学原创国,面对现代社会多元多变的司法实践,法教义学也不可能统摄所有的法学推理。纵然是经典的方法论作者,通常也会认可在一些特定的情况下,案例可能起到补充性法源的作用,比如比特林斯基就认为在法教义学"理未易明"(non-liquet)处,案例的法源性对提高司法裁判的可预见性深有必要。③ 因此,案例对法教义学的延展基本局限于法教义学体系自身原本未尽明确,或社会变动超出既定教义学体系范畴之时。此时相比"以案说法型"与"以法释案型"来说,案例教学的作用不在既有法教义学体系的确认或强化,而在体系的延展,换言之是以对案例这种补充性法源的分析,来弥补法教义学体系的不足。也因此,这种案例教学兼有知识传授与方法训练的两重面向。

再往前推一步,若法教义学体系延展到一定程度仍未能为既有的

---

① 陈辉:《德国法教义学的结构与演变》,载《环球法律评论》2017年第1期。
② 对于此种案例研究与教学的定位,参见解亘:《案例研究反思》,载《政法论坛》2008年第4期。
③ 比氏认为,此处的案例并非独立法源,而是在法规范之下的一种次级拘束力(subsidiäre Geltung des Präjudizienrechts),参见苏永钦:《司法造法几样情——从两大法系的法官造法看两岸的司法行政造法》,载《中德私法研究》第17卷,北京大学出版社2019年版。

法教义学所消化,则法教义学本身将面临体系的重整。体系的重整之际,既有案例的整理仍然不可或缺,但通常来说,这种通过案例研究的体系重整偏于研究面向,并非实务人才训练所必需,因此并不常为法学教育者所关注。但是作为法学研究人才培养的一环,这种案例研究类型同样不可或缺。

(二) 原创与继受法域的教义学功能差异

不过,仅从法教义学自身的演变来区分体系确认、体系强化、体系延展和体系重整这四个阶段,还未必能完整反映在历史发展的流变中,原创法域和继受法域案例的功能演变与案例教学的实际。

1. 原创法域教义学的功能变迁

对于原创法国家而言,法典本身即为既往法教义学的凝萃,而新的法典同时又作为下一段法教义学的起点,因此严格来说,原创法国家的法典仅仅是法教义学的节点,而非法教义学的起点。也因此,原创法国家的法教义学有自历史积累而来的天然动能,在法典的初始阶段,基于新法典的法教义学的重要使命,是清理既往不必要的教义学争议,让教义学的体系可以扣合到新法典。换言之,此时教义学的首要功能在于为社会提供稳定的预期。但是一旦继续往前行,法典体系的迟滞与稳定的法教义学就未必能反映现实社会的变化与需要,这也是在 20 世纪的德国,以"要件—效果"为核心的传统法教义学为何遭遇动态系统论、论题学、结果取向思考、社科法学等种种方法论质疑的原因所在。①

不过不可否认,时至今日法教义学仍然是欧陆法学方法的核心,其中的原因正如卢曼所言,是在法律作为不容否定的前提之下,法教义

---

① 纪海龙:《法教义学:力量与弱点》,载《交大法学》2015 年第 2 期;另参见解亘、班天可:《被误解和被高估的动态体系论》,载《法学研究》2017 年第 2 期。

学还具有调和法律系统与其他社会系统的高度适变的功能。① 从这个角度出发,法教义学相对于稳定的法典恒有其适变的特性,距离法典越远,其调适功能就越为明显。也因此,从动态功能的角度来看,法典初期的案例教学一般会重视配合法教义学体系强化的功能,而距离法典越远,案例教学的功能取向就越应该偏向于体系延展方面。

2. 继续法域教义学的功能分化

相比于欧陆原创法国家,继受法域则由于未必相同的原因却经历了相似的历程。对于中日等东亚继受法国家来说,其法典并非法教义学的自然产物,而且基于迅速现代化的需要,早期两国继受自域外的民法典的密度均远逊于德国等原创法国家,这就造成了舶来规范与本土现实之间的巨大真空层。为填补这一真空层,继受法国家在完成法典移植之后,即继续大量移植原创法域的法教义学,此时法教义学的功能只是为了缓解规范饥渴,因此稳定也是其首要的功能。配合这个阶段的法教义学,继受法域的裁判实务与其说是在强化体系,毋宁说更重于确认体系,对应案例教学的方法,"以案说法"也比"以法释案"更为重要。回顾民国初年大理院的判决,就可以看到大部分的判决都是在阐释德国法教义学中的当然法理,很难说有什么体系上的融通,更难见方法论上的创见。② 在这一阶段,基本也是继受的法教义学在引领实务的发展。

在最起码的规范密度这一问题得以解决之后,继受法域的法教义学的功能才慢慢转向调适。以我国台湾地区民法教义学的发展为例,虽然一直到上世纪80年代,继受民法教义学所能找到的漏洞其实都还

---

① 参见顾祝轩:《民法系统论思维——从法律体系转向法律系统》,法律出版社2012年版,第66—67页;另参见刘涛:《法教义学危机?——系统理论的解读》,载《法学家》2016年第5期;〔德〕拉伦茨:《法学方法论》,陈爱娥译,商务印书馆2003年版,第103页以下。

② 当时的《法院编制法》第35条规定"大理院长有统一解释法令必应处置之权",大理院十数年间公布了1752则判例,但实际上都是围绕残缺的制定法所作的解释,与英美法的判例尚不可同日而语。参见黄源盛:《民初大理院与裁判》,元照出版公司2011年版,第168—174页。

未出于德国民法教义学之外,仍然是以继受法教义学的方式在进行学术研究和法学传承,但彼时很少有人能意识到,寻找法律漏洞这一工作,其实本身已经标志着继受法域教义学的主要功能从稳定慢慢转向了法教义学体系内的调适。① 因此也就是在这个时期,王泽鉴动手创作了《民法实例研习基础理论》(后改名为《民法思维》)一书,真正开始倡议请求权基础的鉴定式案例分析教学。② 不过如前所述,这种教学还只是法教义学内部的调适。直到进入21世纪,也是债物两编都作了一次翻新之后,台湾地区民法教义学才部分走向第一手的注释,真正注重去拉合"法典"与社会的距离,此时也才有零星的判例研究去关注既有体系的延展乃至重整的问题。③ 至于说与此相关的案例教学,则至今仍未见。

　　日本的情况则与此不同。我国台湾地区的"法典"文本因其"采德国立法例者十之六七,瑞士立法例十之三四,而法日苏联之成规,亦尝撷一二"④,实质上民事基本制度均以德国为主,在比较法上继受来源比较单一,也因此其后全方位继受德国民法教义学并无挂碍。⑤ 但日本民法的基本制度自立法之始即混成德法,在尝试自上而下全方位继受德国法教义学受挫之后,学者发现唯有自下而上整理司法实践,才

---

① 典型例,如王泽鉴:《关于邻地通行权之法律漏洞与类推适用》《同时履行抗辩:第264条规定之适用、准用与类推适用》,载氏著:《民法学说与判例研究》,北京大学出版社2015年版,第117—127页,第1226—1253页。这些其实都是以德国民法教义学为前提找出的漏洞。

② 王泽鉴:《民法实例研习基础理论》,1982年自版。

③ 比如吴从周对违章建筑的讨论,参见吴从周:《再访违章建筑——以法学方法论上"法秩序一致性"原则出发观察其法律性质与地位》,载《法令月刊》第68卷第6期。

④ 梅仲协:《民法要义》,中国政法大学出版社1998年版,初版序言。

⑤ 一个最典型的例子是使得王泽鉴连作三文的出卖他人之物,反复谈的也就是德国法上负担行为与处分行为的基本区分,但是台湾地区民法其实跟德国法相当不同,德国的登记必以经公证的物权契约为前提,而台湾地区只有一张买卖契约的文书,唯一的书面是登记时向登记机关提交的文书,本质上两岸反而最为类似,因此在台湾地区谈物权行为独立性、无因性的问题,说到底不过也只是学说继受。参王泽鉴:《出卖他人之物与无权处分》《再论出卖他人之物与无权处分》《三论出卖他人之物与无权处分》,载氏著:《民法学说与判例研究》,北京大学出版社2015年版,第303—334页。

可完成法教义学的调适。与此相适应,日本的案例研究与案例教学的着眼点,基本首重法教义学的调适功能,不论是教学或研究,均采"抽取先例性规范"式判例评释方式。① 而站在学术研究的角度,通过将这种"抽取先例性规范"式的判例评释聚合并总成,日本也完成了法教义学的体系重整。②

从以上对我国台湾地区和日本的继受民法教义学史的大略回顾可以看出,初期"以案说法型"案例教学在任何继受法系几无差异,但后期各自选择"以法释案型"请求权基础的案例教学还是"规范抽取型"案例研究与教学,则要看前端法教义学的完整程度,而前端法教义学是否完整又在很大程度上取决于法典文本的混合继受程度。如果不从这个角度去观察,恐怕很难理解为何同样继受德国法,我国台湾地区与日本的民法教义学以及案例教学研究为何差异至此。

三、法学教育的目标与定位

当然,如果把考察的视野再扩大,回到本章最初的问题,上述的分析仍然难以解释,为何即使在德国模式有压倒性影响力的我国台湾地区,今日在其大学民法教育上仍然没有推开鉴定式案例教学?而如果我们将体系的确认与强化看作法教义学的必要训练阶段,那么似民法请求权基础的鉴定式案例分析教育的功能,在日本和我国台湾地区又是如何实现的?

---

① 参见〔日〕大村敦志等:《民法研究指引》,徐浩等译,北京大学出版社2019年版,第247页以下。

② 日本民法的继受史,详参〔日〕北川善太郎:《日本法学の歴史と理論——民法学を中心として》,日本評論社1968年版。中文文献的介绍,参见段匡:《日本的民法解释学》,复旦大学出版社2005年版。

（一）大学法学教育的目标定位

要解决这些问题,还是要回到大学法学教育的目的上来。德国法学教育的目的就是为了培养专业法律人甚至以法官培养为目标。① 或者更准确地说,由于其理性国家、法治国家(Rechtsstaat)观念的存在,法律的核心作用在于国家的理性化,与之相应的当然就是执掌国家力量作用的理性化,而司法权的理性化正是其中最重要的一环。② 因此,正如许多介绍性文献中业已指出的那样,德国的法学教育以完全法律人或者说法曹为其培养目标,也都是围绕这个中心展开的。

然而在继受法域就完全不同。以日本为例,日本并没有德国法这一理性国家的思想背景,其继受西方的初期完全是基于推进国家现代化的需要,因此日本将法学和政治学两科整并在一起,在国立大学系统,不论是大学阶段的法学部还是研究生阶段的法学政治学研究科,原本设定的目标定位都不是培养专业的法曹,而是包括法官、检察官在内的统治系统的技术官僚。③ 而私立大学系统则近于英美式的 law school,培养的主要目标是律师。④ 在二战之后,为消除战前的司法工具主义,国立大学系统和私立大学系统的法学教育合流为一,技术官僚的培养色彩已经逐渐淡化,但法学部的培养目标仍然不是培养专业法曹,而是以普及法律思维的专门教育为己任。即使在近年司法考试

---

① 德国的法学教育基本延续普鲁士,旨在培养学生有能力成为一个好的法官(Befaehigung zum Richtamt),参见陈惠馨:《法学专业教育改革的理念——以台湾地区、德国为例》,载《月旦法学杂志》2005 年第 4 期。

② 法治国理念的历史与内核,参见陈新民:《德国 19 世纪法治国概念的起源》,载氏著:《德国公法学基础理论》,法律出版社 2001 年版。

③ 不以专业法律人培养为中心的另一个原因,在于最早帝国大学法学部系统存在特权,明治时代的《裁判所构成法》第 65 条规定帝国大学法科毕业生不需经过司法考试即可担任法官、检察官、律师等法曹。

④ 蔡秀卿:《日本法学教育之过去、现在与未来》,载潘维大、陈子平编:《东吴大学法学院建院九十周年庆法学教育学术研讨会论文集》,东吴大学法学院 2006 年版,第 572—573 页。此外,二战前日本的法官、检察官与律师的资格考试不同,后者远易于前者,因此可以说公立与私立大学的培养目标不同。

体制改革,日本在大学广设培养专业法曹、接轨司法考试的法科大学院,但大学法学部的培养仍不以培养德国式的司法者为其蓝本,法学部的毕业生也广泛分布于各行各业,至今仍不以专业法曹(律师、检察官、法官)为主。① 部分学校的法学本科甚至因应此种就业情况,明确区分法曹方向与非法曹方向进行培养。②

我国台湾地区的法学教育自大陆而去,推源溯流,从清末以至民初,法政合流、公私大学各行其是的教育体制均受日本影响甚大。③ 另一方面因废科举而兴法政,导致国人一时视法政学堂为科举的替代选择,其中所教所学很难说有足质的专业法律培养。④ 这也影响共和国成立之后的法学教育体制,在我国台湾地区,一直到上个世纪末法律系也仍在社会科学院建制下,早期法律系还有司法、法学等分组,足可见其早期尚非专以法曹培养为中心。⑤ 只是到上个世纪70年代之后民主化与市场经济齐头并进,法学的统治色彩减弱,社会治理色彩增强,法学教育体制才慢慢再一次受到欧风美雨的影响,朝向专业法律人培养更进一步。⑥

不过,即使聚焦于专业培养法曹的德国法学教育,或者美国从研究生阶段开始的法学教育,也不能忽视在欧陆的高中阶段、美国的大学阶段,受教者在接受法学教育之前已经经历了相对完整的全人教育。⑦

---

① 〔日〕广渡清吾:《法学教育の位置と法曹養成(特集大学改革・司法改革の原点から1)》,载《法律時報》第72卷第9号(通卷895号),2000年8月。
② 刘颖:《日本法学本科教育的特色》,载《人民法治》2018年第18期。
③ 李贵连:《二十世纪初期的中国法学(续)》,载《中外法学》1997年第5期。
④ 参见杨振山:《中国法学教育沿革之研究》,载《政法论坛》2000年第4期。
⑤ "司法组"源于旨在培养专门的司法官僚的"法律专修班",后完全并于大学法律教育之中,参见我国台湾地区"法务部"编:《法务部史实纪要》,"法务部"1990年版,第1205页以下。
⑥ 一直到70年代末,我国台湾地区仍有主张法学教育不应以法律人培养为主,而应培养政商界的多样法律人才,参见王泰升:《台湾地区法学教育的发展与省思:一个法律社会史的分析》,载《台大法学论丛》第68期。
⑦ 〔美〕Judith A. McMorrow:《美国法学教育和法律职业养成》,载《法学家》2009年第6期;另参许迈进、肖军:《建立高中教育与大学教育衔接机制——德国洪堡大学案例研究》,载《比较教育研究》2017年第1期。

否则很难想象法学作为一门以社会国家为理性化对象的学科,而法学者却可以跳过对社会国家的认知而径入无价值判断的技术流。

从这个意义上说,日本的法学本科教育聚合法学政治学两学科的举措虽然出于历史偶然,但是在战后实际的运行中却拓宽了法学教育的宽度,特别是抽取规范式的案例教学中对案件事实背景分析的强调,也远远超出了纯粹规范推理的层面。① 恐怕也是因为这个原因,同属继受法域的日本虽然无法完全避免裁判脱离社会实际的批判,但从未像我国台湾地区一般对司法不信感如此明显。②

因此,在推行请求权基础的鉴定式案例分析教育之前,后发的制度继受者需要意识到,这原本是以法曹培养为中心的德式法学教育的一环,其产生原本也是因应司法考试备考的需求。③ 但是一如上文的比较分析,在法律人以多元角色出现的现代社会,法曹特别是以法官为中心的法律人培养也只是法学教育的其中之一,即使将法曹培养视为法学教育的目标,也未必就能将此等同于大学法学教育的目标。④ 从大学教育的角度来看,即使不考虑专业教育的供给能力,也不能完全忽略前端全人教育与专业教育的配比、后端的法律人才职业选择这一进一出两个端口。

(二) 专业法曹的职业训练机制

1. 司法考试合格者的职业训练

但是比起大学教育的定位,同为继受法域的日本和我国台湾地区

---

① 日本的案例研读从法技术上是规范抽取,但在整个法律适用上,更强调对社会、经济背景的体察,也是因为这个原因,日本的法学本科甚至拒斥单纯的法技术训练。参见〔日〕河上正二:《民法学入门》,王冷然等译,北京大学出版社2019年版,初版序。

② 有关两地的司法信赖度比较,参见熊瑞梅:《社会资本与信任:东亚社会资本调查的反思》,载《台湾地区社会学刊》2014年总第54期,第13页,表4。

③ 梅迪库斯的《请求权基础》一书原本也为司法考试备考而作,参见[德]迪特尔·梅迪库斯:《请求权基础》,陈卫佐、田士永、王洪亮、张双根译,法律出版社2012年版,第一版序言。

④ 德国自身也在改革这种以法官培养为中心的教育体制,参见邵建东:《德国法学教育最新改革的核心:强化素质和技能》,载《比较法研究》2004年第1期。

与德国法学教育更不相同的,是司法人员的职业训练机制。如上所述,日本在法学部阶段并不进行专业法曹训练,但是一旦通过统一司法考试,合格者均将进入司法研修所进行训练,在司法研修所,即将成为专业法曹的学员会接受严格的要件事实论的训练,最后表现良好者才有可能被遴选为法官或检察官。① 与此相较,我国台湾地区的律师特考与司法官特考并不统一,但制度上在分别通过这些考试之后,也需要分别在律师训练所或司法官学院(原司法官训练所)接受六个月到两年不等的职前训练,方可开始其职业生涯。②

当然,由于日本在新世纪启动的司法考试制度改革,大学普遍设立以专业法曹培养为目的的法科大学院,法科大学院的设立使得原本仅存在于司法研修所的要件事实论教育向大学扩张,同时法科大学院也大量引入专业法曹作为实务教员,以缩短法学理论到实务操作的距离。法科大学院如美国一样是学士后教育,但却不分大学阶段是否主修法律者,均可入学,只不过为免修读课程重复,两者课程安排有所不同而已。换言之,日本所行者是两套法学教育的体系,大学阶段旨在培养一般法律素养的法学教育仍然存在,而从法科大学院到司法研修所则是专业的法曹教育。

那要件事实论跟请求权基础的鉴定式教育有怎样的不同呢?这里就需要将要件事实论与请求权基础都进行功能切分。简单地讲,请求权基础训练的两大功能,一在于法典体系的重构,二在于要件事实的明确,传统上基本是以法官视角的思考③;而要件事实论则加入了对抗的因素,其主要的两大功能,一在要件事实的明确,二在厘清主张抗辩的主张证明责任。比起请求权基础,要件事实论一方面非常清晰地加

---

① 参见〔日〕奥田隆文:《司法研修所教育及对法学教育的期望》,丁相顺译,载《法律适用》2002年第6期。

② 当然,也因为考试制度不同,我国台湾地区的司法官和律师职前训练强度与经费的支持也完全不同,司法官训练不但时间长而且发给工资因此投入巨大,相比而言律师虽有职前训练,但真正可能培训的部分仅有一个月,收效也相当有限。

③ 当然,请求权基础中也存在举证责任的考量,参见吴香香:《民法典编纂中请求权基础的体系化》,载《云南社会科学》2019年第5期。

入律师的视角,一方面串联起了实体法与诉讼法。①

2. 教科书对法典的再体系化

那在日本的法学教育中,请求权基础以"契类无物不侵"的请求权检索顺序重整法典、串联法条的功能又是如何实现的呢?毕竟,潘德克吞体系的民法典以立法方便而非用法方便为其首义,用法时必然需要再重整组合,否则提取公因式过后的条文非但完整度不够,连先后适用关系也厘不清楚,后端的要件事实与主张证明责任自然也就都无从谈起。

事实上,日本早在法科大学院之前就认识到这个问题,民法学界从铃木禄弥开始,就致力于打破潘德克吞体系的总分结构进行教科书撰写,进行"构造化"和"融通化"的尝试。② 风靡一时的内田贵系列民法教科书更是打破物债编别,以权利的成立、权利的内容、权利的实现三分,明确区分意定关系与法定关系,而权利的实现部分又将债法总论和担保物权法的内容融通,实际其构建的体系比请求权基础检索更为完整而实用。③ 而北川善太郎的教科书甚至用数种标准将整个民法体系中的概念都以数字编目并交与援引,立体呈现民法概念之间的体系关联,对民法典的内部体系重构更可说已极尽其力。④

由此可见,日本虽然未采德国大学的法律人才培养模式,但其以教科书重整法典体系,以要件事实论处理要件事实明确与主张抗辩的证明责任等问题,通过不同制度实现了与德国民法实体法上的请求权基

---

① 章恒筑、夏瑛:《日本要件事实论纲——一种民事诉讼思维的展开》,载《法学家》2005 年第 3 期。

② 参见星野英一为我妻荣《民法讲义》所作的中文版序言,〔日〕我妻荣:《民法讲义 I 新订民法总则》,渠涛译,中国法制出版社 2008 年版,序言部分。

③ 内田贵将债的履行、不履行救济以及债权侵害都归于债的效力,而将债权转让、债务回收、债的保全以及担保物权法都归于债权的确保,从债务回收的角度实现了部分的再体系化。参见〔日〕内田贵:《民法Ⅲ 债权总论·担保物权》,东京大学出版会 2020 年第 4 版。

④ 其实如果转眼看我国台湾地区,可以看到陈自强的教科书在十多年前同样做过类似的努力。陈自强:《民法讲义 I 契约之成立与生效》,法律出版社 2002 年版;陈自强:《民法讲义Ⅱ 契约之内容与消灭》,法律出版社 2004 年版。

础和诉讼法上的证明责任理论相同的功能。①

四、我国案例教学类型的选择与组合

(一) 我国制度选择的客观条件

不论是回顾原创法域还是对比继受法域,都是为了给我国的制度选择提供更多的参考因素,建立相对完善的分析框架。

1. 全体系法学教育的定位

通过以上的分析可以看出,首先需要考虑的因素,是我们国家要如何定位大学法学教育的目标,是否要让大学教育成为专业法曹教育的主战场。日本和我国台湾地区的司法研修所和司法官训练所采取的方式,是让专业的法学教育分流至于职业教育的后端。它们之所以都选择这样的方式,当然有初期继受仅择其要的历史背景,但是它们之所以至今仍未作根本性的改变,就已非历史的偶然。

首要的原因,当然是制度背景的不同。一方面,各国(地区)在不同时期对人民宪法参与权的理解也未尽相同,如日本在法科大学院改革之前,就普遍无法接受通过限制司法考试的次数限制人民参与国家统治的权利,此与德国制度也不尽相同。② 另一方面,多元多变的现代社会对法律人的期待早已不是律师、检察官、法官等法曹,法曹在受教者的职业选择中亦并非最主流。因此时至今日,坚持保留大学本科法学教育的日本仍然认为,区别于法曹教育的大学法学教育对培养一般法律思维,供给现代法治国家需求来说不可或缺。而研究生阶段的公

---

① 当然,从日本民法学的继受历史来看,德国请求权基础的鉴定式法学教育兴起于20世纪后半叶,而当时战后日本的民法学正深受美国和法国法学的影响,也是其在制度上并未直接学习德国的原因之一。

② 德国改革之前考试制度的相关介绍,参见陈惠馨:《德国法学教育及考试之现况》,载《律师通讯》1996年第7期。

共政策学科等,其投考学生也最主要来自各大学法学部。

日本与我国台湾地区无法推行德式法学教育的第二重原因,则是基于现实的成本考量。正如已有我国台湾地区学者指出的一样,继受法域并非对德式法学教育不欲不求,但完整继受德式完全法律人(Volljurist)的教育培养成本确实极高,特别是其司法考试通过后国家财政对合格者的支出,非他国他域可学可至。① 即使是在大学阶段,请求权基础的教学方式在我国台湾地区至今无法完全推开的原因之一,就在于我国台湾地区并非采取德式的教学研究体制,全面推开需要的助教人力、财力根本无法配套。② 日本法学研究评价体制虽较我国台湾地区宽松,但是教学支撑体制仍然十分有限,本科法学招生又规模浩大,在此前提下在法学本科展开德式教育不仅是无求,也是无望。③

站在这两点上回看我国大陆的法学教育,今日中国法学院校有七百余家,即使在中国的一线法学院校,最后成为专业法曹的毕业生也未必是绝对多数。④ 如果是多数法律专业学生将来并不走向专业法曹,那么在本科阶段以专业法曹为既定目标来训练同学,而司法考试通过率又不能满足所有受法曹教育者,必然会产生极大的资源浪费。同时,从供给面来看,在大学本科阶段推动法曹教育,与我国严苛的教学科研评价体制对冲也甚大,即使应为,也未必能为。但是需要注意的是,我国大陆也不似日本和我国台湾地区存在司法考试通过者的职

---

① 参见石世豪:《法学教育改革的再改革——挑战、回应、反思、再出发》,载《月旦法学杂志》2009 年第 3 期。
② 我国台湾地区大部分学校并不存在德国式的案例研习课程,以请求权基础方式教育的主战场,反而是在为解题而设的商业化的司法考试补习班。
③ 日本的法学部虽然并非采美国的科系,而采欧洲式的讲座制,但是教授也是单打独斗,并不存在研究室或者项目组。当然,本科教育理念的不同仍是主要原因。
④ 这本质上是源于我国法学本科非职业教育的定位,参见曾宪义、张文显:《法学本科教育属于素质教育——关于我国现阶段法学本科教育之属性和功能的认识》,载《法学家》2003 年第 6 期。

前训练①,因此如果不在大学阶段完成职业训练,法曹专业教育将无法保证。对于我国来说,确实存在着选择上的两难。

比较简单的制度选择,应该是仿效日本和我国台湾地区,在大学法学教育之外另设司法考试通过者的专业法曹教育。如果做不到,那么就只能实质上取法日本的法科大学院制的精神,将专业法曹培养设为司法考试的前提条件,并联动司法考试的命题改革。如果这两点都做不到,也许只能选择将大学本科法学教育部分法曹教育化,在前端的法学院校选择主干课程进行训练,但如果以上结构性掣肘因素不改变,恐怕能承受这样的尝试的始终只会限于少数政法院校(系)和少量主干课程。

2. 法典与法教义学的准备

另一个无法回避的因素,是法典的混合继受程度与法教义学的完整度。日本和我国台湾地区就是因为法典继受混合程度的不同,最终在案例研究和案例教学上走上了不同的道路。而法教义学越趋完整,案例教学越应阐释法教义学体系思考的成果。

日本和我国台湾地区的上述经验表明,越是单一继受的法典,就越应注重旨在强化体系的"以法释案型"案例研究与教学,而法典的混成程度越高,就越应注重旨在延展体系的"规范抽取型"案例研究与教学。从另一个角度来说,在法典与法教义学未足之时,"以案说法型"案例研究与教学也不可或缺。

我国出台民法典虽然是新中国成立后的首次,但其实已属既有法律的编纂而非全新的起草,因此如果将司法解释都算在一起,法典的完备程度已非《日本民法典》和我国台湾地区"民法"可比。同样,法教

---

① 无论职业教育还是职前教育都有统一裁判的作用,我国法官的在职教育中,其实鉴定式案例分析一直在推进,已出版的作品如国家法官学院、德国国际合作机构:《法律适用方法:物权法案例分析》,中国法制出版社 2013 年版;《法律适用方法:合同法案例分析方法》(第 2 版),中国法制出版社 2014 年版;《法律适用方法:侵权法案例分析方法》(第 2 版),中国法制出版社 2015 年版。但可能因为在职法官案件压力、无学习动力等缘故,至今为止都没有很成功。

义学在这二三十年来也已有相当积累,因此以案说法型的案例研究和教学已绝对不再应占据主流。但是在"以法释案型"和"规范抽取型"案例研究与教学中如何取择,就是需要讨论的问题。总体而言,我国民法文本继受的混合程度并不下于日本,但规范抽取型案例研究却一向不昌,甚至连"以法释案型"的案例教学,也不过是从近年才开始兴起。究其原因,应该是我国大陆的民法研究与教学受我国台湾地区影响甚大,早期几乎是亦步亦趋,因此前期的案例都似王泽鉴在《民法学说与判例研究》中的以案说法型研究。也是在近年请求权基础的鉴定式案例教学兴起之后,教者才意识到,法律规定的要件未必清晰不难处理,一旦发生混合继受、自创规则等情形,缺乏成熟法教义学和通说的支持,此种教学就难以推进。[①]

因此可以说,案例教学的模式取决于其法典与法教义学的准备。对于单一继受且法教义学体系明确的领域,以法释案的鉴定式教学就相对比较容易展开,但在因法教义学混合继受而未有通说的领域,抽取规范型案例研究和教学就比较适合,此时若强以某国法解释论释之,则有可能会偏离实务的操作,让案例教学失去辅助法教义学实现体系整合的功能。

(二) 各类型案例教学的前提与功能

如上所述,按照法教义学功能的不同案例教学研究,可分为确认法教义学概念体系的以案说法型,强化法教义学体系的以法释案型,以及旨在延展法教义学体系、重整教义学体系的规范抽取型。前两种案例教学重在法教义学稳定的功能侧面,后一种案例教学则重在法教义学调适的功能侧面。不同类型的案例教学,引起功能的不同,目的与相应的制度配套也各不相同。

[①] 吴香香在论述请求权基础时也注意到了这个问题。参见吴香香:《民法典编纂中请求权基础的体系化》,载《云南社会科学》2019年第5期。

1. 以案说法型案例教学

以案说法型的案例教学旨在明确法条或制度适用情形,因此这种案例教学通常不需要另外设置课程与配套制度,在基础课程的知识传授中教师就会予以配设。为明晰法律关系,这种案例一般也是设例,并非真实的司法案例。

但以案说法型的案例具体也可以分为三种类型:第一种是典型案例,主要解决法条或制度的典型适用情况;第二种是疑难案例,主要功能在于确定法条或制度的适用边界;第三种是部分法条存在类推适用案例,以补充现有法条外部体系之不足。当然,以案说法型案例通常需要仰赖稳定的法教义学及其通说,因此实务界、学术界争议众多的一些法条,比如《民法典》第 171 条第 3 款无权代理人责任的规定,就不适合此种案例教学方式为之。

2. 以法释案型案例教学

以法释案型案例教学以请求权基础的鉴定式案例分析为其典型。与以案说法型不同的是,以法释案型更为注重法教义学体系的强化,一方面重在增加法条与制度之间的串联力,另一方面则是厘清要件事实的主张抗辩体系。

以法释案型案例教学重在从司法者角度重新整合法典体系,因此同样需要稳定的法教义学作为前提。比如,我国法上的解除与风险负担规则究竟如何适用、构成表见代理时相对人是否可选择无权代理效果、特殊动产的物权变动模式等争议,缺乏稳定的法教义学通说,无论是关联制度之间的关系还是要件事实主张证明责任,都无法得到厘清。因此如上文所述,如果法条存在混合继受的因素导致通说不明,则应当谨慎采用此种案例教学模式。[①]

另外,上文也曾分析,完整的以法释案型的案例教学最主要的目的

[①] 比如混合继受的原《物权法》第 24 条,就未见学者以此为例来进行鉴定式案例教学,究其原因还是因为此条争议颇多,解释上至今很难说已有通说定论。

是为培养专业法曹,但我国法学本科并不以培养专业法曹为限,此种教学模式也无法与目前的司法考试制度完全对应,因此属于本益比相对高的做法,原则上在本科阶段的教学并不宜全面推开。如果再考虑到作业批改、案例讲解的巨大人力物力成本,原则上还是应以选修课程的开设为限。

当然,从法曹培养的角度来看,请求权基础的鉴定式案例教学并非没有可以改进之处。至今为止德国式的请求权基础的教学基本以法官培养为中心,对当事人的主张证明责任等问题则没有相应的重视,但从法律人才培养的比例而言,市场化的律师反而应该是大多数。因此加入律师视角、将诉讼法与实体法相结合进行讨论,就是下一步可以拓展的方向。① 当然,以日本司法研修所和法科大学院的经验而论,一旦加入这些因素,大学教员必然无法完全胜任教学任务,此时就要系统考虑聘请实务导师授课的问题。②

3. 规范抽取型案例教学

与以上两种重在法教义学稳定功能的案例教学不同,规范抽取型案例教学重在通过案例的研习,在法教义学未尽明确之处延展其体系。这类案例教学的覆盖领域,主要集中在混合继受规范、本土原创规范和概括条款等领域。

对于此类规范的解释,宜自下而上从案例中抽取先例性规范,并明确其适用范围,避免混乱继受域外法教义学产生进一步的体系冲突。因此,与上述两种案例教学不同,在此类案例教学过程的材料选择上,原则上应该尽可能选择有统一裁判功能的高审级实际裁判案例。同时,此种案例教学的目标也涉及质料和方法两方面。从质料上说,由于此时案例是法教义学的延展与补充,因此要支撑此类案例教学,首

---

① 参见章恒筑、夏瑛:《日本要件事实论纲——一种民事诉讼思维的展开》,载《法学家》2005 年第 3 期。

② 日本的法科大学院就大量聘请实务导师加入,参见丁相顺:《日本法科大学院制度与"临床法学教育"比较研究》,载《比较法研究》2013 年第 3 期。

先需要对上述本土原创规范等领域的案例进行系统评释,抽取其中的先例性规范,将其与既有法教义学实现有效对接。从方法上说,抽取先例性规范的训练需要对实际案例进行细致读解,包括比对之前类似案件,分析与相关学说的对应等工作,因此宜配合法教义学课程的教授进度进行。①

当然,对研究人才的培养,在个案型规范抽取型案例研究的基础上,尚存在群案性规范抽取型的案例研究与教学。此种案例研究与教学旨在于既有法教义学未尽明晰之处,通过对抽取规范的类型化整理,构建或重整法教义学体系。不过其以个案规范抽取型案例研究为基础,并无独立的方法,且主要面向研究型人才的培养,非属纯粹的教学领域,故此处不赘。②

综上之述,以上案例教学类型与影响因素的关系,可简要表列如下:

法教义学功能关联	稳定		调适	
法教义学体系关联	体系的确认	体系的强化	体系的延展	体系的重构
案例教学与研究类型	以法释案型	以案说法型	规范抽取型(个案/群案)	
适合领域	存在稳定法教义学通说		混合继受规范、本土原创规范与概括条款	

五、结　　语

20世纪80年代恢复法制以来,中国大陆开始逐步重新建立民法

---

① 国内规范抽取型案例的整理研究,参见周江洪主编:《合同法案例研习》,法律出版社2019年版。
② 事实上在抽象法律条文的具体化上,国内非留日学者也多有此类群案研究,如姚明斌:《"效力性"强制规范裁判之考察与检讨——以〈合同法解释二〉第14条的实务进展为中心》,载《中外法学》2016年第5期。

体系，花了四十多年的时间终于成就自己的法典，这其中当然不乏我们自己的制度创新，但绝对少不了立法继受的功劳。《民法通则》施行以来，中国大陆民法教义学的发展与自立也多得益于对我国台湾地区、日本、德国的学说继受。立法的完备与法教义学的缜密都有其跨越体制的共通性，这是我们一定要继受他国他域的原因，但在具体制度上应该继受何地的立法，又或学习何域的法教义学，本质上却是需要评估各种约束条件的制度选择。立法的约束条件在于社会经济和司法的水准，法教义学的约束条件在于立法的既定选择，而案例教学最主要的约束条件，则在于法教义学的既有体系。而如果从全体系法学教育的角度来看，大学法学教育更需要考虑全人教育与专业教育的配比、法曹教育的落位、各类型法律人才社会需求等种种客观因素。

因此，如果暂时跳出国内请求权基础教学的洪流把眼光朝外，就可以发现东亚社会其他基本整体继受德式立法、德式法教义学的地方，却不约而同地没有选择继受德国的案例教学乃至法律人才培养的模式。究其原因，就在于案例教学本身是法律人才培养模式的一环，而法律人才如何培养又绝对是一个高度既定约束条件下的制度选择问题。本章对这些约束条件的分析，都还只是一个框架性的起步，如果能以此唤起更多同仁跳出跟走跟追德国法制的惯性，开始愿意从制度选择的角度来思考这个问题，那这篇文章的目的也就达到了。

第四章 继受法域的法例关系*

一、法学的敦煌

十数年来,民法学因比较法兴,以释义学盛,又藉案例研究方法与法学方法的借鉴得以日进月步,而放眼东亚的继受法学界,民法学的隆盛大概都莫能外于此道。不过从继受法学界的历史来看,用何种眼光何种方法来对待继受,很大程度上决定了继受的学问是否真的能"学运昌隆",创造自己的知识贡献,这些最终当然也决定了继受者能否在法典再造上结出硕果。中国古人常说"知人论世",本节尝试以一种异于法释义学的方式重思继受法域的法例关系,去打开中日两国民法学的历史世界。

敦煌者,吾国学术之伤心史也。

——陈寅恪

(一)敦煌之戆

中华民国十九年,西元1930年,敦煌珍籍流轶四方,陈寅恪引时人之语,为陈垣的《敦煌劫余录》写下如是序言。

这一年,在历经二十余年战乱流离、政权更迭之后,国民政府正分

---

* 本章部分内容曾刊载于微信公众号"天同诉讼圈"的"民商辛说"栏目(2018年1月2日)。

步行民法于世。作为与"黄金十年"经济建设比肩的法治成就,次年民法典即大功告成,行于大陆前后计一十八年,之后这部民法典延命于我国台湾地区,亦逾一甲子之寿。

历史总是有着莫名的巧合,在民国民法典行世的1931年,日寇犯我东北,中日兵戎相见。民国民法典在大陆的十八年间,几时时与战祸相随,今日回头再翻检当时的判决著述,都还时常能从中读到战乱时的仓皇。1931年,在我们的对手、同为继受法国家的日本,留美归来的东京帝国大学教授末弘严太郎开始写作《法解釈に於ける理論と政策》一文,次年再作《判例私見》一文,系统论述其法解释论与判例思想,此前"独尊德国"三十余年的日本民法学主流,由此开始转舵。

一甲子之后的20世纪末,当法典再造的巨浪把两部民法典再次拨转到一起之时,面对同样传袭自欧陆的民法典,同样高擎现代化、在地化的法典再造大纛,台湾地区选择的是修平补齐,日本选择的是脱胎换骨,勇怯之间,良有以也。

(二) 民国之殇

以中国大陆今日的人、财、物力,我们当然不必妄自菲薄,去渲染在那场隐形对战中,台湾地区是如何的胆怯,而日本又有怎样的果敢——毕竟,如果说二十多年前的对战,台湾地区尚可代表中文民法学界的高水平,今日要上场与日一决的选手,多数都应已来自此岸。但是,如果说再法典化是检验继受法学界法学成就的重要指标的话,那二十多年前法典再造中的台湾地区的那场战败,却足以让此岸的我们去仔细反思华人民法学界所走过的路,为何七十年的华人民法典就没有更生再造的勇气?

或许仍要再回到1930年开始说起。

时至今日,中文世界民法学者在谈各种民法问题的细节之时,仍不免回到民国民法的起草者史尚宽先生,史氏之学近取日本,远绍德法,其语文能力之强,阅读范围之广,纵在今日两岸民法学界,都难寻出其右者。然史氏终其一生,均在继续立法者的角色,忠实引介注释之学,以补立法粗疏之缺,于各国法典体系之异,则少有洞见。史氏平生著述,不见"漏洞填补""类推适用"之作,或可推知其疏于当时日本乃至欧陆之法学方法,其征引著述,采择材料,于诸法学方法门户之间,从不见赞否之论,亦可佐证一二。史尚宽先生此风,在民国学者中并非孤例,民国三十八年前,民法学界迻录外书者众,但教科书中存方法之见者实在寥寥,高明如芮沐者著书先昭明方法,再铺陈论述,又能洞见诸国法体系之关节异同者,则为民国学界所仅见。

而在同时期的日本,这种教科书法学早已是明日黄花,大规模德国法解释学继受在鸠山秀夫时代已经大体完成,日本民法学者在1930年前后,已经强烈意识到了继受法学的第一个元问题——法典继受、学说继受带来的自上而下的压制,无法完全代替司法实务带来的自下而上的调试,法继受的过程,必然是压制与调试双线并进,才能不致偏于一侧,让继受而来的法制真正落地生根。由是,民国三十八年前,伴随我国民法典的,是承日继德的教科书法学时代,而在邻国日本,轰轰烈烈的判例研究已开始相随左右。

这一点,毫无疑问地铭刻两国民法学的基调,影响直至今日。

(三)继受之乱

民国三十四年,台湾地区光复,重行中国之法。民国三十八年,中华民国政权结束于大陆,中国国民党败走台湾地区,两岸分隔由此开始。

台湾地区回归祖国之前,已为日本统治、行日本法制达半世纪之久,五十年的撕裂留下来的,不仅是社会层面的族群融合,还有法制层面的接骨疗伤。大陆时期的法制伤痛,需要国民党在台湾地区疗复,所以才有《三七五减租条例》《耕者有其田条例》这些土地法制改革,而对在战乱中国中积累了大量裁判、正欲走出教科书法学的民法而言,突如其来的法典迁移,则一下子将在大陆时期民法学者的诸般努力都打回原形。

以物权行为论,民国民法典显然取德而从之,物权行为独立性与无因性在20世纪30年代司法院院字1916号解释中已十分清楚:"至物权契约是否无效,及物权契约无效时,其债权关系如何,官署与承领人间有争执者,应向法院提起民事诉讼以求解决"。尽管法典与司法实务都已清晰如此,在这部法典延命于台湾地区之后,出卖他人之物的问题仍引得王泽鉴连作三文以澄清之,这里面的曲折,绝不是物权行为理论有多玄奥,中国人的脑袋又有多么与之不同,实在是经受多年日本法训练、习惯于物权变动对抗主义的很多台湾地区法律人一时无法适应这样的法制翻转——如果不是两岸分隔,在台湾地区的华人民法学不会经历这段无谓的曲折,华人世界的民法学起点,也许也就要高很多。

而在同时代的战后日本,学界已意识到日本民法很多条文的母法来自法国,在物权变动、债务不履行、侵权行为等各个关节领域,日法比较一一展开,伴随对判例实务的整理,德国法解释论逐渐退却。在如潮汐般的"法进德退"之中,日本法学界意识到了继受法学的第二个元问题——混合继受的法典,如果不辨母法而强以一国解释论从之,个案或可过关,但日积月累带来的体系撕裂将使实务和学术走得越来越远,法教义学也最终无法起到控制与预测的作用。

(四)理实之融

在跨过了最初的法制混乱期之后,在台湾地区的华人民法学,当然还是高于民国的水平,以王泽鉴为代表的民法判例与学说研究,也为80年代后大陆民法学的复兴铺平了通向外国法的地基。

不过对比台湾地区与日本的判例研究,前者惯由理入实,以德国法为唯一圭臬。台湾地区民法学说真正实现全面德国法化,可以说是自王泽鉴教授以台湾地区判例注入德国学理始——不论狭义解释或漏洞填补,法理通德者誉之,否则菲之,台湾地区司法实务因学说影响而从德者,从请求权竞合到债法上的漏洞填补,不可尽数。而日本的判例评释自末弘严太郎始,即以"活法"理论为起点,习于由实入理,不以既定外国法解释论为准则,析取裁判规则以解法条,使法条的生命力自下而上、因时而转。以日本的民族性格,当然不是怯于吸收外来理论,而是一方面基于混合继受的背景,有意地去避免"由理入实"地通过判例研究中定式化地吸收某一国的解释论,另一方面对于近代法典亦无着力者,试图透析日本自身司法裁判的理性以应对之(如信赖破坏理论)。

经年累月,两地学界与司法互动的结果最终现于上世纪末的法典再造,台湾地区仿佛是修理一台过时的洋机器,零敲碎打,生怕不明就里修坏机器,找不到原厂师傅;而日本则是升级换代,革故鼎新。内外因缘种种走到这一步,台湾地区民法学其悲有自于天,其哀有自于人。

(五)方法之痛

在笔者看来,台湾地区民法学往日之悲今日之痛,绝不是二十三年前一战而败,更不是民法教席后继无人,而是居于继受法世界的台湾地区民法,在方法上已经走到拮据无以凭借的地步。

台湾地区民法自王泽鉴以降,法学方法之实际展开,就在"漏洞填补",其中首推"类推适用",而法学方法之研究著述,则不论繁简,皆承自拉伦茨而几无有一新。奉某氏之法学方法为标准教材,将法学方法当成数学公式,抽离于特定国家、社会、历史,这毋宁是法学研究的最大危机。当今日的学者实务绕着德国法所未有的房地分离问题,一推租赁二推地上权,解释复修法而仍不得其终之时,学界应该意识到,德国不是台湾地区唯一的继受母国,德国法学不是继受法学的唯一模版,拉伦茨更不是法学方法论的唯一宗师。

在笔者求学生涯的早期,曾经有一位老师讲过一句话:"日本有何法学方法可言?无非谈不上方法的利益衡量论而已。"今日看来,吾人眼界所限,正在于此。我们好从台湾地区、德国引进法学方法,至今却无一本日本的法学方法译著，而日本从继受史研究、判例研究中抽出的法源论、法律探获论、法律适用论，自1930年左右末弘严太郎以降，学者代有论之，且援德引美又非德非美，常见其争，常怀其新。真正的问题，在于法学方法系于特定法秩序、法源、分权体制、司法体制乃至广义的社会环境，其固然有普遍性的因素在，但从来不是可以只靠继受而得之。

如果说，法制本身的继受是现代化的第一步，制度上完全借法他国已不是任何一个国家所能想象。法学方法的继受若亦步亦趋于一国一域甚至一人之后，那毫无疑问是要把继受法治推向走火入魔的境地。

（六）缘何而喜，因何而悲

当然放开眼界，以台湾地区一域而言，其"走火入魔"亦无所谓大悲，今日台湾地区民法学界仍有学者乐谈方法，喜观过去数十年之进步，毕竟台湾地区只是一个居民为两千三百万人的岛屿。

以我国大陆而论呢？单以合同法论，民法学界生生就把一部承袭英美的合同法解释成德国式的合同法——把明明已两分的损害赔偿法按照德国式合一；讨论解除效果只知继受德日，不知对应本国物权变动体系；引入履行辅助人概念解决无过错责任下第三人归责问题……更不必去谈侵权法物权法中的错误继受，乃至判例评释方法、法学方法的问题。如果真的要作比较，可以说，如今的法学境界，可以胜过民国一十八年，但还到不了日本的1930年代的反思与转型。

当中国成为世界经济发动机，中国的法治转型也成为世界法学界研究对象之时，我们的法学当然不该不及上世纪30年代日本的境界。但当民国民法典岁开九秩、共和国民法典亦如日方暾之际，我们的法学生还以处理清楚上世纪30年代司法院就已处理清晰的"物权行为理论"为乐为傲，这几十年间法学所走的回头路，可以想见——光绪三十三年我国首次投入民法编纂，其时法制距日本不过十年，一百一十四年之后再回首,两岸民法学成就距日本已在一甲子之外。

回首过去的一个世纪,我们今日落于此境,很大程度上是没有过平静的历史环境,没有像日本那样对司法对法学的尊重,这使得战后台湾地区法一甲子的学术成就,没有超过日本20世纪上半叶,使得中国大陆大部分实质上的学术进步,都产生于过去十余年间。但回首中日之间数十年的法学较量,纵使天定有七分,吾人仍可力争者尚存三分,假使对继受法学的方法与目的无有明确认知,如台湾地区一样亦步亦趋于德国之后,我们终究开不出自己的境界,终究不会有自己的路。

(七)因缘欢喜,拿起放下

遥想自唐以来,中华法系曾光耀整个东亚世界,恰似陈氏之言,敦煌之美曾久存于吾国,但敦煌之学今却平淡于吾土,兴衰之间,其悲可感,其哀可见。

1930年,中华民国民法典正呼之欲出,陈寅恪为陈垣的《敦煌劫余录》作序,在引时人之语"敦煌者,吾国学术之伤心史也"后,陈氏曾辩言:"是说也,寅恪有以知其不然,请举数例以明之。……倘综合并世所存敦煌写本,取质量二者相与互较,而平均通计之,则吾国有之八千余轴,比于异国及私家之所藏,又何多让焉。今后斯录既出,国人获兹凭籍,宜益能取用材料以研求问题,勉作敦煌学之预流",预言吾人敦煌之学已存预流,若吾人果具洞见,奋起直追,来日将不逊于国际。

今日回眼,我们的敦煌学已果如其是,那,我们的法学呢?

二、直虹与长星

直虹朝映垒,长星夜落营。

——庾信

历时七年半,日本民事财产法百余年来的最大修改终于2017年6

月2日尘埃落定。若从1998年日本私法学会的修改动议算起,此次修改的准备动员起整个学界将近二十年,日本民法也在修改中从百年走向双甲子之寿。

在日本民法修改案通过的第一刻,周江洪教授便就日本民法的修改撰文一览其要。如何从技术细节到理念价值,全方位地检讨、评价近邻的这次民法修改,取其精华为我国法典编纂所用,这还需要学界持久精深的努力,笔者只能结合改动的条文,从判例与修法关系的角度,为周江洪教授的宏文作个简明的注脚。回想起笔者的老师曾讲过,比较法的最新动向,在所在国各有其背景,立法上未必需要跟那么紧,尽可以放两年再看看,多面地去观察一下,里面真正有价值的东西才会比较清楚地显现出来。

(一) 修法何以动心起念

日本民法修改的动议源自其民法百年之际,修改自始即融合了对法典再造的多重期待,近二十年间,"透明化"与"现代化"一直是学界高举的两面大旗。所谓"透明化",一方面是通过语言表述的通俗化,使得民众可以读懂民法,另一方面则是让积累有年的判例法理回馈至法典,使法典本身能够反映法律适用的现状。而"现代化"一词,则至少蕴含了三层意味:第一层是通过法典重编弭平混合继受德法民法的龃龉;第二层是通过契约法的再造接合英美法,使得日本民事立法理念更加国际化;第三层也是最有争议的一层,则是让民法典融入消费者保护等多重现代价值。

如果望向整个东亚世界,民法修改的主其事者当然还有更大的野心。为此次民法修改而辞去东京大学教职、就任法务省参与的内田贵教授在其书中就曾明言,希望通过此次修改,让日本民法在新一轮东亚法典化与再法典化的赛跑中能够继续领先,为东亚民法典树立典范。

（二）被注定的大开小阖

对于以上理由，从1998年民法修改动议开始，即一直不乏质疑之声。不少学者认为，民法典本是专家之法，其表述如何本不必亦无可能为民众所周知；反之，对在野在朝的法曹而言，判例法理已久寓于法学教育之中，向为法界所共知共识，对其言"透明化"亦无从谈起。更何况契约法本就任意法居多，当事人多可意定排除之，不似物权多为法定，若一定要修财产法以称时应世，一修物权编毋宁更有必要——物权法上最高额抵押制度、不动产收益执行制度的确立，甚至物权法之外的法人法、监护与法定代理法修改，无一不是基于社会经济的强烈需要。

然而，纵览此次修改的过程与结果，普通民众与产业界从一开始就未要求过债法规则的"透明化"，此次债法修改的真实动因，还是学者自觉债法理论历经耕耘已然一新，所以学而入法，修改债法规则的时机已至。也因此，虽然债法的修改在学界一致被认为是高开低走、屡战屡败，但社会从来也没有希望债法修改要如何地大开大阖。相反，实务界、产业界只会认为，改动虽将判例法理明文化，但新法的密度与柔韧性未必会好过业已稳定的判例法理，更不论全新立法有可能带来的种种司法转轨成本。学者的失望与社会的无感于此相映成景，在过去几十年间，并不见于物权法修改、不见于亲属法修改、亦不见于法人法修改，而独独见于此处，殊非无故。

（三）时际界分再法典化

综观此次修法，首当其冲的是时效法与法定利率的调整，作为债法中例外的强制规定，最受社会关注。

关于短期消灭时效，研究早就指出其混成德法（基本是参考法国法的类型、德国法的期间），从一开始就是继受错误，长期以来在日本社会形似无根飘萍，判决中也尽量避免其适用。而消灭时效的相对短期化与主观起算点的增设,与其说是比较法的影响,不如说是日本长期学说积累(将消灭时效目的定位为减轻当事人、法院负担)的成果。作为民法典少有的内置型强制规定,时效制度有划定当事人私法自治时间之维的功效,如何将其正当化,并围绕此一正当化理由重构时效制度,其实最不容小觑。日本起算点的主观化、时效期间的相对短期化、时效的援用、时效障碍事由与效果的重置成功与否,还可以再作细考,但围绕消灭时效存在理由的再法典化,确实是站在私法自治的角度进行的系统体系重构,在笔者看来堪称此次修改的一大亮点。

至于法定利率的调整,此本称时应世而动,修改诚然不错。但反而言之,此类规定是否有必要在民法典中规定,或即如日本对法人法的处理一样,将应时变化甚巨者抽出法典之外,此一问题从法典理论角度亦值再考。

(四) 尔我界分梳理融通

除却消灭时效这一时间之维,私法自治的另一类界分条款——二人关系的法律行为与三人关系的代理,在此次修改中亦大有更动。二人关系中最显著的改动,就是在法律行为法中明文化了大量的判例法理,特别是撤销对抗善意第三人是否需要无过失要件,新法就撤销的不同原因进行了分别规定,平衡不同情况下撤销权人与第三人的利益。

三人关系上代理制度的修改,则多在补完原本粗疏的代理法,究其源则有三:大部分条文来自判例法理的明文化(如代理瑕疵认定、自我代理、双方代理行为等),也有对规定错误者的更正(删除复代理中代理人责任,使代理人究担何种责任这一问题,回归分则中基础关系的讨论),同时不乏对比较法的再继受(无权代理人区分善恶意承担责任,源自德国,本为日本法条与判例法理所无)。如果按条索骥地细究体系,代理中很多条文的修改(如瑕疵认定等条文),都能见到与法律行为法、私法自治的体系关联,学说在再法典化时的努力也可见于此一端。

无论二人或三人关系,上述规定的修改都旨在从私法自治的平面之维再行定分,让私法自治的基盘更趋和谐。但除了极少数有与判例法理实质不同的条文之外,其他修改早已寓于判例之中,并不会产生多大实质影响。

(五)保全渐显本来面目

另一个尔我关系的界分规定,则是债权人代位权与撤销权的修改。以私法自治论,债权保全本属例外规范,且与强制执行制度多有功能叠合,日本于此处兼采德法,本已先天混成。再加上在外的破产法等特别法的生长,使得民法典中的债权保全制度修改须横观执行法制,下瞰特别立法,划定民法中债权保全制度的"本色"。

债权人代位权的修改,意在与执行法制相衔接的同时避免功能重复,明确代位后债务人不丧失处分权,殊值肯定;而债权人撤销权相对于判例法理的收束,也使得债权人撤销权在法典中原本的应有面貌渐次清晰。换言之,修法者未必有从法典理念的角度对债权保全再法典化的明确意识,但是在混合继受与本土化的夹缝中,债权保全在民法典中的本来面目反而逐渐显露,此点颇值一顾。

(六)典型契约缘何挫败

在上述私法自治的界分规范之外,此次修改在纯粹自治条款上也颇有调整,于劳务契约、租赁契约、合伙契约等典型契约的任意条款,多有修改,对代偿请求权、中间利息扣除等,也多所增设。

不过综览这些规定,也本已多为判例法理所有,离当初《债权法改正的基本方针》所作的典型契约再体系化宏愿(增设劳务契约小总则),相去不可以道里计。不过在相当程度上,这也与日本民法学研究和民法学教育的传统——对典型契约规定意义的轻视切切相关,法曹身处此等教育环境之中,多抛开典型契约规定而径自解释个别契约,致使社会对典型契约法的裁判功能也不予寄望。在此背景之下,学者仅从学理试图再法典化典型契约,却忽视实务向不以此为据,最终典型契约的修改结果,几乎已丝毫不见最初学者想定的再法典化的模样,自是由来有故。

(七)德式法典渐行渐远

最后不得不说的,则是关于此次修改在我国被介绍最多的成就——从债权债务中心走向契约中心,这使得日本民法债务不履行的归责原则产生根本变化,包括影响到解除与风险负担等个别制度。

此点有解亘、周江洪教授诸鸿文可参,笔者不必再野人献曝。需要强调的一点是,日本民法因无独立的债权行为,民法总则本就及债而不及物,徒有其形而神宗不定,如今在履行障碍法层面又抛却债权债务构成,转以英美法式契约为中心构成债权契约不履行法,则"民总—债总—契约/侵权/不当得利"这样的潘德克吞式层级架构还能支撑多久,或者即便留此虚壳,意义到底有几分,颇费思量。如果再纳入日本民法典本就短于物权、从来极少考量物权与债权的替代性这一事实,可以说,日本民法虽然有德国式的五编制架构,但通过提取公因式重构法典的想法,在日本人的思维中从来不能说占多大的优势。

不过,这也许可以提供另一种路径——日本民法思考的本质还是大陆法系的法典模式,法典思考的本质是体系化,而不独提取公因式。因此,是否存在一种不提取公因式,却可以实现有机体系化的可能?

(八)疏通关节留存思考

如果要从法典化、体系化的角度,给此次日本民法修改一个总体评价,那么,最后修法的结果可以说差强人意。但此二十三年间日本民法学界持续讨论所结下的累累硕果,再构法典的宏图大愿,却足为后世所观。很大程度上,此次修改不能得到社会的支持,是因为其任意规范的本质、判例法理的韧性以及法学教育与法律实务向来对典型契约的轻视,但是反而观之,日本确实在债法总则已经完成其所期待的国际化,对于时间界分与尔我界分的私法自治门槛规范,也实现了体系疏通。在此之外,消灭时效的法条重整、赠与的撤销改为解除,都以微言大义的方式,透露出日本民法百年的学术成就,昭示体系再造的曙光,其所怀所抱者,恐亦难谓之小。

二十三年前,借日本民法百年之势,私法学会上学者们动议修改民法,其时雄心,气贯长虹。二十三年过去,今日法典终于订定,其间铃木、星野、北川、平井、广中等诸前辈皆已故去,诸位参与修法者也都青丝成白发。文末,愿诵庾信"直虹朝映垒,长星夜落营"句,纪念笔者所见证的这二十三年以及一代日本民法学人为这部法典所作的齐齐努力。

第 二 编
公私法接轨的理论与实践

公法与私法的接轨是现代公法与民法的基础理论议题，同时也具有重大的实践意义。公私法接轨就其基本模式而言，可以分为公法规范向私法规范的转介以及私法概念向公法概念的假借两大类型。前者可以法律行为的生效要件体系为其著例，后者则以行政协议为其典型，本编即试以这两个典型议题为例，构筑公私法接轨理论的基本框架。

就法律行为生效要件体系而言，本编的第五章与第六章从基本权理论的角度出发，分别探讨了公法规范与行政行为对法律行为效力的影响，指出此一领域公私法的转介在方法上需要借助基本权理论，对体现基本权内容实现、基本权限制与基本权冲突这三者的制度进行区分定位，以解决国家管制与私法自治的冲突问题。

本编第七章与第八章，则以行政协议中的变更解除权为例，分别从实体规范的衔接与诉讼规范的对接角度，探讨了行政协议对民事合同概念的假借对行政实体法与诉讼法产生的影响。通过这两章的探讨，笔者试图指出，私法概念向公法概念的假借原则上均须细致区分公法管制性与私法自治性（在行政协议中则是行政性与协议性）两个面向，只有例外情况下才要考量公法规范的立法目的，对私法概念进行融合与转换。唯有如此建立起原则例外关系，概念的假借才可能创造更多的自治空间以更好地实现公法目的。

第五章 从基本权理论看法律行为阻却生效要件体系[*]

一、法律行为阻却生效要件的困境

(一)难题在跨法域法释义学

法律行为的生效要件体系向来是民法学上的难题。就法典而观,历史上中国、日本乃至欧陆诸国的立法者似乎一开始就没有有意识地区分法律行为的成立和生效要件。[①] 时至今日,我国《民法典》的立法者也似乎没有想去清晰地区分立足于私法自治的积极生效要件(如行为能力、意思表示瑕疵)与立足于国家强制的消极阻却生效要件(强制性规定、公序良俗违反),比较法上独树一帜的第143条的立法模式就是明证。[②] 而反观学界,一个多世纪以来关于成立及生效要件体系的

---

[*] 本章曾以《从基本权理论看法律行为之阻却生效要件——一个跨法域释义学的尝试》发表于《法学研究》2019年第2期,稍有改动。

[①] 对自民国以来民法学者"成立"与"生效"用法的整理与批评,参见苏永钦:《私法自治中的国家强制》,载氏著:《走入新世纪的私法自治》,中国政法大学出版社2002年版,第23页。

[②] 葛云松主张区分意思表示与法律行为,撤销仅涉及意思表示,而无效涉及法律行为。参葛云松:《意思表示的生效要件——兼论代理的概念》,载《北京大学—华东政法大学—浙江大学—南京大学—苏州大学五校2016年民法研讨会论文集》。但《民法典》仍旧没有回归到意思表示撤销,法条表述上撤销的对象依然是"法律行为"。另参《民法典》第143条规定:"具备下列条件的民事法律行为有效:(一)行为人具有相应的民事行为能力;(二)意思表示真实;(三)不违反法律、行政法规的强制性规定,不违背公序良俗。"

不同见解,更从来就是对立分明。①

不过相比立法者与学者,受阻却生效要件困扰最多的还是第一线的司法者。我国原《合同法》第52条第5项规定的"强制性规定"②——最高人民法院《关于适用〈中华人民共和国合同法〉若干问题的解释(二)》(简称《合同法解释二》)将其限缩于"效力性强制性规定"——的认定,对司法者而言一直是难解之题,而第4项"社会公共利益"的认定则因其文意的模糊性,更可谓是法律行为的暗礁。这两项规定要件的不确定性,使得个案操作全无方法可言,对司法者来说最稳健的应对,恐怕就是翘首等待最高人民法院在"指导性案例"或"公报案例"中就个别规范表达见解。③

法律行为阻却生效要件操作方法的不明晰,一方面使得私法自治中参与者的私权保障在个案中难以研判,另一方面也印证了在此问题上,法释义学体系建构确实尚显不足。④ 一般而言,作为继受法国家,

---

① 对于积极生效要件和阻却生效要件的区分,从德国到我国台湾地区和大陆,学说纷呈,或称为"效力阻却事由"(陈自强),或称为"阻却生效要件"(苏永钦),或称为"有效障碍事由",无论采何种表述,学说上均将法律行为违法背俗与其他生效要件区别讨论,本章对此统一采"阻却生效要件"这一用语。相关整理可参朱庆育:《民法总论》,北京大学出版社2016年版,第118—122页。另参陈自强:《法律行为、法律性质与民法债编修正》(下),载《台湾地区本土法学杂志》第6期,第1页;苏永钦:《私法自治中的国家强制——从功能法的角度看民事规范的类型与立法释法方向》,载氏著:《走入新世纪的私法自治》,中国政法大学出版社2002年版,第21页以下。

② 强制性规定还是强制性规范,《合同法》与《合同法解释二》的表述略有不同,本章论述中统一用强制性规定这一用语。

③ 比较典型的例子,如2005年《公司法》第16条。作为历史的产物,2005年《公司法》第16条带有源于其时代脉络的法律问题,使得其在司法化的过程中被错误解读和适用,陷入法律适用的窘境,此时公报案例给出的裁判思路无疑提供了十分有益的方法和经验。参见钱玉林:《公司法第16条的规范意义》,载《法学研究》2011年第6期。

④ 法释义学(Rechtsdogmatik)作为译语源自德国,中文世界对法释义学与法教义学大致都不区分使用。但本章用法释义学,而非更为常见的法教义学的提法,乃基于以下两方面原因:第一,法教义学的几种用法中,常见将其对应于部门法学,因部门法学有其根本教义——如民法中的私法自治,即使信赖责任也不过是私法自治这一基本教义的一种表达——所有的部门法教义学体系都在同一基本教义下展开,而本章所要处理的,恰是如何跨越法域沟通不同部门法基本教义这一问题。因此用跨法域释义学,有用以区别于部门法教义学的意思。第二,法教义学注重其教义学体系,不但包括文义之内的狭义法律解释,还包括文义之外的法律漏洞填补;而在中文文义上,释义二字则侧重于法律解释,本章的讨论重在以《民法典》第153条为前提,为违法背俗的法律行为无效提供判断方法,并无意涉(下转)

在法释义学尚欠精准之处，只需要找对继受的对象，将其释义学架构引入本国条文解释论即可——关于债务不履行、侵权责任确定等问题，这样法释义学成功继受的例子已所在多有——这本非难事，何况原《合同法》第52条第4项、第5项（现《民法典》第153条）的文意极其宽泛，引入他国既有释义学，几乎都不必再作"嫁接"即应可"就地存活"。但实际并非如此，有关强制性规定与公序良俗的论述甚众，借助裁判例而类型化者有之，引入外国学理而体系化者亦有之①，但对法官而言，这些努力也都还是没有提供足够明晰的操作方法。由是，我们不得不思考其后的一个根本性问题：学说继受的方法对概括性条款而言，是否存在某种天然的缺陷？

若将眼界再放宽几许，观察我国台湾地区学说实务对德国学理上诚实信用原则的成功继受②，就可以发现此中的问题并不在于概括性条款的继受本身难以提供体系化的操作方法，而在于诚信原则无论如何展开，都还只是单纯私法内部释义学的精致化——用卡拉里斯教授的话来讲，即是民法的具体化③——其间所有的推理，仍可以回溯到"私法自治"的原点。

但是，强制性规定或公序良俗影响法律行为效力的问题则全不相同，其横跨公私法域而求调和，溯洄而解之，很可能是私法自治这一原则与其他法律原则（如人格尊严、言论自由等）的冲突，而这些原则冲突的操作方法，与原本奉"私法自治"为唯一教义的民法释义学，

（上接）及漏洞填补。关于法教义学的用语概念范畴，参见纪海龙：《法教义学：力量与弱点》，载《交大法学》2015年第2期。明确用法释义学这一用词并说明其与教义学同义的，如赵宏：《基本原则、抽象概念与法释义学——行政法学的体系化建构与体系化均衡》，载《交大法学》2014年第1期，反之者如张翔：《宪法教义学初阶》，载《中外法学》2013年第5期；此外，同文混用的也不少见，如李训虎：《逮捕制度再改革的法释义学解读》，载《法学研究》2018年第3期。

① 黄忠：《违法合同的效力判定路径之辨识》，载《法学家》2010年第5期。
② 王泽鉴：《诚实信用与权利滥用——我国台湾地区"最高法院"九一年台上字第七五四号判决评析》，载《北方法学》2013年第7卷（总第42期）。
③ 卡拉里斯：《债务合同法的变化：即债务合同法的"具体化"趋势》，张双根译，载《中外法学》2001年第1期，文中所说的"合同自由""合同公正"的具体化即是如此。

全然不同。换言之,此问题已非奉"私法自治"为单一法原则的民法释义学可以解决,除非德日等国亦有成熟的"跨法域法释义学"可资继受,否则此中混迷在释义学上应为无解,条分缕析的操作方法也永难建立。

(二) 两种类型化的未竟之路

除法释义学化的努力之外,强制性规定与公序良俗研究与继受的另一个可能方向,则是类型化。将强制性规定分为效力性规定与管理性规定,将公序良俗依事案特征进行类型化,这样的努力不独见于我国大陆学界,在同为法继受地区的邻国日本,以及我国台湾地区,过去几十年间也一直不乏见到。① 事实上,台湾地区取缔规范与效力规范的用语,本就袭自日本,后来又影响到了我国大陆学说与实务,近二十年间,日本学界还发展出取缔规范与效力规范的进阶版——警察法令与经济法令的区分。② 而在公序良俗的研究上,类型化更是主流,日本学者我妻荣和我国学者梁慧星都整理有各自的类型。③ 于飞十年前的博士论文也整理了德日公序良俗的案型分类,并在此基础上提出中国大陆未来的可能分类。④

1. 基于所涉案件事实的类型化

以上这些类型化的努力,大致可以分为两种,一种是从所涉案件事

---

① 刘得宽、王泽鉴、史尚宽、黄立、黄茂荣等台湾地区学者在其书中均采类型化的方式明确"公序良俗"的内涵。参见刘得宽:《民法总则》,中国政法大学出版社2006年版,第200—207页;王泽鉴:《民法总则》,北京大学出版社2011年版,第233—236页;史尚宽:《民法总论》,中国政法大学出版社2000年版,第339—340页;黄立:《民法总则》,元照出版有限公司2005年版,第333—338页;黄茂荣:《民法总则》,三民书局1982年版,第544—547页。

② 大村敦志:《取引と公序》,载《契約法から消費者法へ》,東京大学出版会1999年,第163—177页;中文文献介绍,参见解亘:《论违反强制性规定契约之效力——来自日本法的启示》,载《中外法学》2003年第1期。

③ 我妻榮:《判例より見たる「公の秩序善良の風俗」》,载《民法研究2》,有斐閣1966年版,第121页以下;梁慧星:《市场经济与公序良俗原则》,载《中国社会科学院研究生院学报》1993年第6期。

④ 于飞:《公序良俗原则研究——以基本原则的具体化为中心》,北京大学出版社2006年版,第19—20页。

实出发的类型化,另一种是从规范意旨出发的类型化。第一种类型化的典型如上述公序良俗的类型化。但从案件事实出发的类型化,理论上无法穷尽所有的案件事实类型,经常会出现交叉、缺漏与滞后。①

以于飞关于公序良俗的八类型(基本权利保护类型、危害国家公序行为类型、危害家庭关系行为类型、违反性道德行为类型、射幸行为类型、限制经济自由的行为类型、暴利行为类型与违反消费者保护的行为类型)论,作者也自认这种类型化有迟延性、滞后性、不周延性、矛盾性等弱点,如在限制经济自由的行为类型中,为何同业间联合行为的合同绝对无效,而同属此种类型的竞业禁止条款则仍有有效空间?如果两者评价基准不同,是否应分置两类?② 同样,危害家庭关系行为类型与违反性道德行为类型是否存在交叉?基本权利保护类型和其他类型又是否存在种属关系,又或基本权利保护类型属于兜底类型?只要采取基于案件事实的类型化这种方式,类似这些问题就将不断涌现,因此,事实上也一般只有无释义学体系、以案例为法源的英美法因为需要以事实比事实、以法律观点比法律观点,采取此种类型化的正当性才会比较大。

2. 基于规范意旨的类型化

与此相对,在晚近的类型化的研究中,尚有朱庆育、姚明斌等人的研究,其并非以所涉案件事实为分类基准,而是以规制对象的法律类型来区分,如朱庆育教授将法律禁令分为内容禁令、实施禁令与纯粹秩序规定,姚明斌博士则更进一步,区分基于规范的内部要点(规制对象是合同行为、主体资质或履行行为)及基于个案的外部要点(无效的

---

① 于飞:《公序良俗原则研究——以基本原则的具体化为中心》,北京大学出版社2006年版,第161—165页。
② 朱庆育:《〈合同法〉第52条第5项评注》,载《法学家》2016年第3期;姚明斌:《"效力性"强制规范裁判之考察与检讨——以〈合同法解释二〉第14条的实务进展为中心》,载《中外法学》2016年第5期。

必要性与妥当性)进行综合判断。①

此处的问题在于,此种基于规范意旨类型化的前提就在于要找准规范本身的释义学定位。换言之,需要将适用规范进一步释义学化。②上述姚明斌"基于规范的内部要点"及"基于个案的外部要点"综合判断,已经提供了一定的释义学指针,但都是建立在所有强制性规定的规范意旨均是在保护公益这一基础上,且对于综合判断的方法与因素,依然不甚明确。

比如《劳动合同法》第 24 条第 2 款关于竞业禁止约定的规定,毫无疑问是强制性规定,此规范的存在显然是为保护劳动者职业自由这一基本权,此时司法实务中判断相关约定是否有效时,上述合同行为、主体资质或履行行为等因素完全没有纳入考虑,司法个案中只是去判断约定本身是否得到劳动者同意,是否构成对劳动者职业自由的限制。换言之,"综合判断"法对此种强制性规定根本不具有分析能力。究其原因,根本上就在于对强制性规定意旨的理解全以公益实现为前提,对旨在保护基本权的强制性规定完全缺乏讨论。

而在旨在实现公益的强制性规定,对如何"综合判断",姚明斌给予规范的内部要点(规制对象是合同行为、主体资质或履行行为)及基于个案的外部要点(无效的必要性与妥当性)的综合判断可以说已经给出了相当明确的标准。但其依然忽视了前提性的规范本身的正当性审查③,以及部分无效是否能主张等问题,换言之,从法释义学的角度来理解,可以看到,此种类型化已按个别的规范意旨抽象出若干理

---

① 此种综合判断说在日本的学说史中也可见到,而且日本在晚近也走向了引入基本权思考之路,参见解亘:《论违反强制性规定契约之效力——来自日本法的启示》,载《中外法学》2003 年第 1 期。

② 如张翔便认为这一意义的类型化与法教义学相关联,参见张翔:《宪法教义学初阶》,载《中外法学》2013 年第 5 期,第 917 页。类似的认为依据法条的"类型化积累"与法教义学相关联的观点,参见李剑:《判例的形式构成及其"成分"分析——以德国法教义学为视角》,载《交大法学》2018 年第 3 期,第 24 页,注 22 的讨论。

③ 比如下位法规范是否可以作为无效合同的判断标准,规范的内部要点(规制对象是合同行为、主体资质或履行行为)并不能给予任何指引。同时,对强制性规范本身是否可能违反上位法规范因而无效,也未纳入考量。

论类型,但整体而言,体系性建构的完整性仍有所失。①

对以上两种类型化的方式与法释义学的关系,大略可以列表示意如下:

类型	基于案件事实的类型化	基于规范意旨的类型化（初步释义学化）	释义学化
时期	初期	中期	远期
功能	个案妥适绝对优先	个案妥适兼顾体系融贯	体系融贯兼顾个案妥适

(三)借法基本权理论看问题

综上可见,从方法论上来说,基于规范意旨的类型化虽然已经初步释义学化,但多为效力影响要素的整理,"综合判断"的方法的判断步骤与效果选择不仅仍有相当程度的恣意性,且此种方法并非对所有强制性规定均具有分析能力。因此法律行为阻却生效要件体系还是必须更前进一步,建立起跨法域的法释义学以排除此种恣意性,司法方法才有可能真正明晰化。

1. 基本权理论的引入及其定位

而以民法规范为基点建立跨法域法释义学,其实是在问一个问题:不以私法自治为金字塔顶点的法释义学如何可能?这里恐怕有必要回归到宪法基本权的高度,才能谈清楚。自德国基本法以降,宪法基本权在私法中的适用讨论甚多,中文世界也都有足堪信赖的译介。②要言之,无论采宪法学界通说的基本权间接第三人效力理论,还是采民法大家卡纳里斯的基本权保护义务理论③,真正受基本权规范的是

---

① 姚明斌在其文中自己也认为,面对丰富的实务类型,规范对象的三分有些捉襟见肘。参见姚明斌:《"效力性"强制规范裁判之考察与检讨——以〈合同法解释二〉第14条的实务进展为中心》,载《中外法学》2016年第5期。

② 张红:《基本权利与私法——以法律行为无效规则和权利侵害救济规则为中心》,中国政法大学2009年博士论文,第30—39页;于飞:《基本权利与民事权利的区分及宪法对民法的影响》,载《法学研究》2008年第5期;不限于德国脉络的介绍,另参见苏永钦:《宪法权利的民法效力》,载氏著:《合宪性控制的理论与实际》,月旦出版社1994年版。

③ 卡纳里斯:《基本权利与私法》,曾韬等译,载《比较法研究》2015年第1期。

国家行为,其中当然也包括民事司法行为。

此时,司法者必须基于实现或保护基本权的理念,来判断是否以及如何将法律行为无效——从司法者来看,其裁判行为受基本权拘束,而从裁判结果来看,基于基本权视点去操作的结果,就是法律行为的有效或无效,民事权利的优先劣后。换言之,本于基本权理念进行个案司法行为,在裁判结果中反映出来就是民事权利的冲突与限制。

因此,对基本权理论而言,司法者在解释法律行为是否无效这一条款时加入基本权的视野,是其司法行为受基本权规范的必然之理,而从方法角度观察,则不妨定位为具宪法视野的广义体系解释。

2. 基本权冲突理论的缺位与借鉴

虽然学界对基本权与私法的关系讨论甚多,着力于基本权对法律行为效力影响的研究也不在少数,但止步于此的讨论往往陷于以问答问,很多时候,基本权的观念对民法上有效无效的判断都无法提供具体操作指针。究其原因,应该是以往的讨论往往以其他基本权保护为由限制私法自治,否定法律行为的效力,但忘记私法自治的背后,也有契约自由、婚姻自由等基本权的支撑;而限制私法自治的理由,也未必是单纯的基本权保护,也有可能是无法还原于特定主体权利的社会公益。因此,如果要真正建立可操作的方法,必须进一步借鉴宪法上基本权冲突(限制)理论,厘清法律行为背后的基本权受限的原因,从而区分不同受限原因判断法律行为的效力。

详言之,宪法上对基本权的限制,一般有两种原因,或者是基于其他基本权利保护,也有可能基于单纯的(无法还原于特定主体权利的)社会公益保护。前者称为真正的基本权冲突(die echte Grundrechtskollision),而后者则是狭义的基本权的公益限制。[①] 故法律行为因公序良

---

① 参见陈怡凯:《基本权之冲突——以德国法为中心》,台湾大学 1994 年硕士论文,第 15—16 页。宪法学界对于基本权冲突的讨论,一般均指的是真正的基本权冲突,德国相关学说的整理分析见陈怡凯论文,第 139—148 页,国内文献另可参见张翔:《基本权利冲突的规范结构与解决模式》,载《法商研究》2006 年第 4 期。关于单纯的基本权因公益受限的释义学分析,参见张翔:《基本权利限制问题的思考框架》,载《法学家》2008 年第 1 期。关于强制性规定与基本权冲突类型的关系,可参见我国台湾地区"司法院大法官"释字 689 号苏永钦意见书。

俗或强行法规定无效,要么是其后的基本权与其他基本权相冲突,因让位于其他基本权实现而受限,要么是法律行为自由背后的基本权与公益相冲突,因让位于公益实现而受限。

也就是说,从宪法角度来看,这里或者是基本权与其他基本权冲突而受限,或者是基本权因单纯公益而受限,而基本权受限的宪法效果投射于民法之上,即是法律行为的无效。当然,此处的民事司法者并非宪法司法者,其所面对的也仅是民法个案而非国家权力,这使得民事司法者注定不可能横柴入灶地移植宪法释义学,因此,如何借鉴宪法上的基本权释义学,建立起生效要件体系的民法释义学,是本章论述的目的所在。

二、强制性规定的操作方法

(一) 问题背景

如上文所述,我国迄今为止对《合同法》第52条第5项强制性规定的操作,都还只是继受比较法上取缔规范与效力规范的分类,将这里的强制性规定再分成效力性规定与管理性规定,而对于在个案中两者如何区分,却还没有明确的判断基准。① 在《民法典》通过之后,其第153条第1款规定:"违反法律、行政法规的强制性规定的民事法律行为无效。但是,该强制性规定不导致该民事法律行为无效的除外。"本条加但书的方式似乎摒弃了脱离个案而两分效力性与管理性规定的做法,但同样并没有提出可操作的方法。

另外,需要注意的是,无论日本还是我国台湾地区,甚至上溯到德国民法典,都没有像我国大陆民法一样,将影响法律行为效力的强制

---

① 王利明:《论无效合同的判断标准》,载《法律适用》2012年第7期。

性规定的位阶限定于法律与行政法规（或德国法意义上的法规命令）[①]，原则上只要不是针对特定人的规范，即使是一般行政处分都可能影响法律行为的效力。[②] 因此严格来说，我国大陆对于强制性规定的操作方法，还不能完全承袭其他法域的讨论，如在上述其他法域，法律与行政法规以下位阶的强制性规定影响法律行为效力的情形，一定放在强制性规定影响法律行为效力中讨论，而在我国大陆，则有可能放在公序良俗（公共利益）影响法律行为效力中讨论，此中区别不可不察。

(二) 规范分类

一如上文所及，法律行为阻却生效的问题，从宪法上来看无非是真正的基本权冲突与狭义的基于公益的基本权限制两类型。因此，影响法律行为效力的强制性规定的规范意旨，或者是实现其他基本权保护需要，或者是实现公共利益需要。

1. 基本权保护型强制性规定

第一种类型的强制性规定，其目的是保护其他基本权，基于此类强制性规定认定法律行为是否无效，本质上就是处理两项基本权相互冲突的问题。基本权冲突的问题反映在法律层面的并不少，参照德国理论和实务的归纳，一般存在三种基本权冲突的解决方式：概念涵摄解释、转交立法者解决与抽象具体利益衡量。概念涵摄解释就是确立基本权的概念范围以避免冲突，如确认在他人墙壁上涂鸦并非艺术自由

[①] 参见我国台湾地区"民法"第71条规定，即："法律行为，违反强制或禁止之规定者，无效。但其规定并不以之为无效者，不在此限。"法规命令（Rechtsverordnung）是我国台湾地区行政法学界对德国的授权行政立法的翻译，但是我国的政治体制不同于德国单一民主的国会制，因此行政法规也并不限于授权行政法规，换言之，我国的行政法规包括但不限于德国法意义上的行政命令。参见陈敏：《行政法总论》，2011年自版，第521—529页。

[②] 苏永钦：《从动态法规范体系的角度看公私法的调和——以民法的转介条款和宪法的整合机制为中心》，载氏著：《寻找新民法》，北京大学出版社2014年版，第325—326页。

的内涵,因此此种情形不构成艺术自由与财产权保障之冲突①;转交立法者解决的情形更多,比如我国《集会游行示威法》第18条、第20条规定对交通进行管制,牺牲一部分人的一般行为自由,以保障另一部分人的集会自由,其实就是以立法的形式处理了集会自由与一般行为自由的冲突。

而此处基本权冲突导致法律行为效力判定的问题,则需要在个案中进行抽象具体利益衡量,也就是说,由于从概念上无法避免两基本权的冲突,立法者也并未制定基本权冲突时的判断规则,因此需要司法者面对个案进行具体衡量。②

2. 公益实现型强制性规定

基于公益实现的强制性规定,其意旨并不在保障任何基本权,而仅在维持公共利益与社会秩序。比如《水污染防治法》《大气污染防治法》中的禁止性规范③,水污染和空气污染也许并未直接造成特定人的基本权受损,但为了实现公益,法律仍然作出了禁止的强制性规定。

与前一种基本权相互冲突的类型不同,以公益限制私法自治背后的基本权,进而使法律行为无效,只涉及一项基本权的限制。依照基本权限制的逻辑,原则上对公益的界定必须遵循法律保留原则,这也就是为何原《合同法》第52条第5项、《民法典》第153条第1款一定要将规范位阶限定于法律与行政法规的理由所在。④

---

① 陈怡凯:《基本权之冲突——以德国法为中心》,台湾大学1994年硕士论文,第150页。

② 需要注意的是,法官在这里通过处理基本权冲突来保护基本权,而非单纯的基本权保护义务问题,后者的范畴与检讨参见陈征:《基本权利的国家保护义务功能》,载《法学研究》2008年第1期。

③ 如《水污染防治法》第33条规定:"禁止向水体排放油类、酸液、碱液或者剧毒废液。禁止在水体清洗装贮过油类或者有毒污染物的车辆和容器。"

④ 但立法者原意恐未必如此,《民法总则》将地方性法规和行政规章排除在认定合同无效的依据之外的理由是为了促进和鼓励交易,消除地方保护主义,防止民事主体订立的合同效力过于不确定。参见沈德咏主编:《〈中华人民共和国民法总则〉条文理解与适用(下)》,人民法院出版社2017年版,第1015页。

3. 区分两种下位法类型

除了以上分类之外,这里还有必要再区分下位法强制性规定的类型。依《立法法》确立的规范体系,地方性法规、部门规章、地方政府规章等下位法一般有两种功能类型,一种是为执行上位法规范而制定的规范,一种是为行使行政机关法定权限而制定的规范。[①]

在第一种类型中,下位法执行上位法规范,其实是在上位法的文意范围内进行的"具体化",如下位行政法确立具体的裁量基准[②],此时下位法规范与所执行的上位法严格而言是"相同位阶不同层次"。也就是说,如果下位法是对上位法的不当具体化,那司法者此时就应该弃而不用;如果是正确的具体化,那司法者虽是依此下位法进行的裁判,本质上的依据仍旧是上位法。[③]

原《合同法》第 52 条第 5 项、《民法典》第 153 条第 1 款要限制的,严格而言是第二种类型——地方性法规、部门规章、地方政府规章并非为执行上位法规范,而是为行使各级行政机关法定权限而制定的规范。如果再仔细分辨,可以发现,《立法法》第 80 条、第 82 条本就规定,部门规章与地方政府规章在无上位法依据的情况下,"不得设定减损公民、法人和其他组织权利或者增加其义务的规范"。也就是说,无上位法依据的部门规章和地方政府规章本就不能减损人民基本权,司法者当然也就没有办法依据此类规定来限制法律行为背后的基本权,让法律行为归于无效。作为体系解释的结果,原《合同法》第 52 条第 5 项、《民法典》第 153 条第 1 款唯一限制的,只有为行使法定职权而制定的地方性法规,这应

[①] 《立法法》第 73 条第 1 款规定:"地方性法规可以就下列事项作出规定:(一)为执行法律、行政法规的规定,需要根据本行政区域的实际情况作具体规定的事项;(二)属于地方性事务需要制定地方性法规的事项。"

[②] 郑春燕:《取决于行政任务的不确定法律概念定性——再问行政裁量概念的界定》,载《浙江大学学报(人文社会科学版)》2007 年第 3 期。

[③] 王利明教授同此说。参见王利明:《论无效合同的判断标准》,载《法律适用》2012 年第 7 期。

该也是当时立法者借提高规范位阶消除地方保护的本意所在。①

因此,虽然我国法与其他国家与地区的民法规定不同,明文限定了强制性规范的层级,但在个案处理上,上述第一类型下位法规范因其正确执行(具体化)上位法规范的性质,仍有相当大的适用空间。

4. 被限制的是何种基本权

另外一个需要去预先处理的问题,即法律行为背后的基本权究竟为何?如果单纯在合同法中讨论,这里最容易找到的基本权应该是契约自由,但如果不仅限于合同法,从法律行为涵盖的下位概念来看,就可以发现,法律行为背后的基本权并不单一,营业自由、职业自由、婚姻自由或遗嘱自由都可能是此处被限制的基本权。②

(三) 操作方法

1. 基本权保护型强制性规定

(1) 要件构成

A. 规定适用前提

由于基本权保护型强制性规定已经被法条规范予以明文化,因此

---

① 若再进一步作更为细致的思考,下位法并非只有实现公益的法规范,如果其乃实现其他基本权的法规范,又是否可能构成对法律行为背后的基本权的限制,从而使得法律行为无效?这里就要区分自由权和受益权作分别讨论。简单来讲,受益权因为需要国家提供积极给付,对国家财政而言须"量力而为",故其实现需要预算保留,否则若任由下位法规范随意规定,受益权的实现难免会陷于"口惠而实不至"的境地。而自由权则不同,因其实现通常不需要国家提供积极给付,比如某省人大在地方性法规中立法规定地方性的典型合同,或规定地方性的隐私权,同样都是通过下位法规范实现基本权的保护,但由于一般而言,国家大部分情形下对自由权并无保护义务,或纵有保护义务,在法律和行政法规层面大体都已经设定了强制性规范,所以下位法的自由权规定为强制性规定的并不多,讨论基本权保护型强制性规定下位法的意义也就不大。不过国家对自由权仍有保护的权利,如下位法的立法者完全可以在其权限范围内制定强制性规定以保护基本权,只是这种情况因其并非执行上位法规范,故无法归入《民法典》第 153 条文意之中,因此留待下文"公共利益"处再作讨论。

② 虽然我国台湾地区"大法官"曾经将"合同自由"解为基本权,但合同本身可能是因(自主营业的)营业自由而生,也可能因(选择职业的)职业自由而生,如果将其命为单独的基本权,恐在宪法上会有理论上的困难。相关检讨参见苏永钦《财产权的保障与大法官解释》,载氏著:《违宪审查》,学林出版社 1998 年版,第 121—123 页。

这里首先要处理的一个问题,就是当通过某一基本权保护的强制性规定限制法律行为自由背后的基本权之时,此强制性规定是否为该基本权的内涵所涵盖。

比如上文提到的在他人墙壁上涂鸦,就并非艺术自由的内涵,如存在一条规定允许在任何情形下在他人墙壁上涂鸦,则此条规定的正当性将首先被检视,如其显非该基本权的内涵,则不应予以适用。①

B. 务实协调原则

依基本权保护型强制性规定判断法律行为效力的问题,背后其实是某一基本权与其他基本权的冲突,至今为止,德国法对单纯的基本权之间的冲突也未有统一的解决途径,通说倡导的"务实协调"(Praktische Konkordanz)原则,认为此时必须以使每一个法益都尽可能获得实现之方式进行协调,不得草率地以牺牲某一利益为代价来解决冲突。两相冲突之利益都必须划定界限,以便能达到最适化之实际效益。而界限之划定在各个具体情况中必须是合比例的,不得逾越实现两相冲突之实际协调所必要,尤其不得超过必要限度全部地剥夺基本权的保障。②③

(2) 效果选择

A. 效力性与管理性规定的区分

首先,从效果上区分效力性规定和管理性规定,若使法律行为无效

---

① 严格来说,这里要区分法律还是行政法规的情形,行政法规又要区分是否法律授权。在法律或者非授权的行政法规,只要用比例原则来审查即可;如果是法律授权的行政法规,则还要看行政法规是否超越法律的授权。
② 陈怡凯:《基本权之冲突——以德国法为中心》,台湾大学 1994 年硕士论文,第 147 页。
③ 对于"务实协调原则"和下述"比例原则"与以往的"综合判断"说的关系,此处需要说明的是,在最广义的意义上,这三者都含有利益衡量或成本收益分析的观念,但比起利益衡量的观念,不同法律制度中利益衡量的具体基准和方法在释义学上的操作更为重要。比如侵权法中过错相抵就是完全可共量的利益衡量,而宪法上的"务实协调原则"则建立在基本权抽象不可共量的基础上,"比例原则"则建立在一定条件下的可共量性基础上(正当性、妥当性、必要性原则满足之后,才有均衡性原则的适用)。因此在释义学方案的提供上,此二原则有更为严格的论证顺序和基准。

无益于受保护的基本权实现的,则该规范在此个案中为管理性规定,否则则为效力性规定。换言之,特定强制性规定是否影响法律行为效力,应进行个案评价,不可抽象认定其为效力性或管理性规定。从此意义而言,《民法典》第 153 条第 1 款将强制性规定不影响法律行为效力的规定改置于但书,殊堪肯定。

B. 无效以基本权人主张为原则

基本权冲突导致法律行为无效,其本质在保护与法律行为自由背后的基本权相对的其他基本权(而非公益),故在基本权冲突的情形下,即使有必要认定法律行为无效,因其基本权保护与他人无涉,是否主张无效原则上应当由该基本权人决定。

C. 柔软化无效效果的可能

除此之外,由于法律行为之后也有基本权,故即使有必要判定其无效,绝对无效(任何人均可主张的完全无效)绝非原则。视两项基本权合比例实现的需要,可以有一部无效、向后无效、相对无效、一方无效、效力未定、可终止等方式。①

(3) 例示操作

A. 设例

设甲为上海某家教公司,甲与乙签订劳动合同,约定乙作为甲公司主要讲师从事教学活动两年,合同中同时约定乙离职之后,十年内不得在任何地区从事与甲家教公司有竞争关系的活动,并① 约定此十年内仍支付高额报酬;② 未约定十年竞业禁止期的报酬。乙从甲公司离职三年后,在北京从事同样的家教活动,甲公司遂起诉乙请求违约赔偿,乙则主张此合同违反《劳动合同法》第 24 条第 2 款"在解除或者终止劳动合同后,前款规定的人员到与本单位生产或者经营同类产品、从事同类业务的有竞争关系的其他用人单位,或者自己开业生产或者经营同类产品、从事同类业务的竞业限制期限,不得超过二年"的规定

---

① 苏永钦:《以公法规范控制私法契约——两岸转介条款的比较与操作建议》,载氏著:《寻找新民法》,北京大学出版社 2014 年版,第 365—368 页。

而无效。

B. 适用前提检验

此时,涉及甲的契约自由这一基本权与乙的职业自由这一基本权的冲突。首先应认识到的是,此强制性规定意在保护乙的职业自由基本权,但其是否为基本权的合理内涵仍需进一步检视,此处不得设定长期竞业禁止的规定显然并未超出乙职业自由基本权保护的范畴。

C. 务实协调原则与法律效果

其次,由于该案原则上仅涉及乙的基本权保护,而并不涉及公益,因此没有理由让乙之外的其他人有主张约定无效的权利。

再次,甲公司与乙之间约定十年的竞业禁止期限,并①在约定竞业禁止期的高额报酬的情况下,原则上应限缩此强制性规定的解释至"未约定报酬或未约定相当报酬的,竞业禁止期不得超过二年",也即乙接受竞业禁止的高额报酬是其自限职业自由的对价,此时乙职业自由这一基本权应劣后,不得主张合同无效。① 但在②未约定十年竞业禁止期的报酬的情形中,应认为两项基本权应"务实协调"以期均得最佳化实现,进而认可乙主张一部无效(而非全部无效),也即超过两年的竞业禁止期限约定无效。②

2. 公益实现型强制性规定

(1) 要件构成

A. 规定适用前提

与基本权保护型强制性规定一样,公益实现型强制性规定首先要

---

① 实务中有采此种处理方式的判决,参见重庆市第一中级人民法院(2010)渝一中法民终字第2153号民事判决书。该案中双方约定了十五年的竞业限制期限并一次性支付了十五年的经济补偿款,法院认为双方的约定并未违反法律法规,是双方当事人真实的意思表示,也不存在显失公平、重大误解之情形,故有效。

② 实例参见广东省惠州市中级人民法院(2015)惠中法民三终字第357号民事判决书。该案中双方约定了五年的竞业限制期限且未约定相关经济补偿金,法院认为,首先,法律及相关司法解释并未规定未约定经济补偿金的竞业限制条款应当按无效处理,故不应认定该条款无效;其次,劳动合同法规定竞业限制的时间不得超过二年,故对于约定超过二年的部分应当认定无效。

考虑的问题即是规范的正当性。因为基于公益的强制性规定一般都会产生限制其他基本权的效果,如行政法上禁止超速行驶的规定,即限制了一般行为自由。因此,只有当此种规定能通过比例原则、平等原则、法不溯及既往等原则的检验,即本身具有规范正当性之时,才需要考虑违反禁止超速规定,约定超速行驶的合同是否有效的问题。如果规范本身不能通过上述原则的检验,那自然不需要考虑将一个不具有管制正当性的规范作为违法事由,再去限制契约自由、职业自由的问题。

需要注意,由于判断抽象的强制性规定本身是否具有正当性本质上是通过抽象立法(这种国家行为)以公益限制基本权的问题,因此此处的比例原则应是广义的比例原则,也即应对目的正当性、妥当性原则、必要性原则和狭义的比例原则①逐一适用,进行检验。

B. 时际法规范的适用

在规定适用前提上,有一项值得重点考虑的问题,即时际法规范的适用。公益往往是基于当时的政策考量,故有相当的时效性,原则上越近时立法所表现的公益,越值得被考虑,而越久远立法所涉及的公益,则要多加斟酌考量。此点于体制转型的我国尤其值得注意,受计划经济体制影响的管制是否仍有其适用空间、有多大的适用空间,值得进行再推敲。②

如从体系解释的角度,一旦认定在非民法领域,过往基于公益的某项管制规范已不合今日基本权保护的体制,则此管制规范本在非民法领域已无正当性,自然更没有进入民法领域影响私法自治的可能。相反,只有认定此管制规范在非民法领域仍有其正当性之时,才需要考虑其是否可能进一步影响法律行为的效力。

---

① 传统的"三阶"比例原则在规范结构上并不包括目的正当性原则,但越来越多的学者倡导加入目的正当性重新构建一个体系完整的"四阶"比例原则。参见刘权:《目的正当性与比例原则的重构》,载《中国法学》2014年第4期。

② 参见耿林:《强制性规定与社会公共利益》,载《私法研究》2012年第2期。

C. 广义比例原则

在确定强制性规定的正当性之后,下一步就是要协调管制与自治,也即公益与基本权的关系。此处容易陷入的一个最大误区,恐怕就是如日本学者山本敬三一样,一方面主张此时对基本权保护应"禁止过剩介入",将广义的比例原则引入公益和基本权的衡量,将妥当性、必要性与狭义比例原则①——加诸判断,为司法者划定基本权保护的上限;另一方面又主张对基本权的保护应当"禁止过少保护",为司法者划定基本权保护的下限,司法者最终应在上下限之间寻找答案。② 可是此处的强制性规定本就旨在实现无关基本权的单纯公益,并非为了保护法律行为自由背后的基本权而解决基本权冲突的问题。换言之,这里唯一需要被保护的基本权恰恰站在强制性规范的对立面,应按比例原则选择能实现公益且对基本权损害最小的方案,认为不尽力实现强制性规范的意旨就违反基本权保护"禁止过少保护"的要求,这其中的逻辑矛盾,可以说一望而知。

山本理论的问题,主要在于其预设了所有的强制性规定一定可以回归到基本权保护问题的前提,因此试图在所有的情形下给司法者划两条线——过剩介入禁止与过少保护禁止,理论上只要在这两条线之间的司法结果,均被认为是可以接受的。但其忽视了很重要的一点,即在基本权冲突的情形下,管制与自治在规范的目的、对象、标的和内容上并非完全对焦,故司法者的义务并非是让每一项基本权都得到最低限度的实现,而是最佳实现;在基本权与公益相冲突的情形下则不同,需要实现或限制的基本权只有一项,管制与自治在规范的目的、对象、标的和内容上完全对焦,这里只有过剩介入禁止的问题,也即就两相对抗的利益以一条划定的底线去防止逾越的问题。

---

① 此处目的正当性无须再次检验。
② 山本敬三:《公序良俗論の再構成》,有斐阁 2012 年版,第 63 页以下。

因此，这里有必要再一次适用广义的比例原则去进行判断。[①] 比例原则的再次适用与前次不同：在管制法中适用比例原则，是为了判断强制性规定作为一项管制法规对一般行为自由等其他基本权的限制是否适合，也就是强制性规定在非民法领域的正当性；而此处要探讨的是，在强制性规定在非民法领域取得正当性的前提下，转介到民法领域，对法律行为效力产生影响是否有正当性。前者是在非民法领域内衡量公益与其他基本权，后者是在民法领域内衡量公益与契约自由，但由于单纯就规范目的而言的目的正当性在管制法中已经被检验过，故不需再次检验，民法上应仅就妥当性原则、必要性原则和狭义的比例原则逐个检验。

D. 下位法规范的适用

一如前文所述，在上位法规范（法律、行政法规）的执行与具体化层面，限制基本权的下位法规范仍可以强制性规定的方式对法律行为的效力产生影响，这样的下位法规范包括地方性法规、地方政府规章和部门规章，甚至可以包括依据法律或行政法规作出的非针对特定人的一般行政处分。此时，司法者一方面需要审查下位法规范对上位法规范的具体化是否得当，如果是不当具体化，则应不予适用；如果是正确的具体化，原则上应依照功能分立原则，尊重（由立法或行政形成的）下位法对上位法的解释，适用下位法规范进行裁判。

例如，《娱乐场所管理条例》第 7 条第 1 款第 2 项规定，娱乐场所不得设在下列地点：居民住宅区和学校、医院、机关周围。同时，下位法裁量基准[②]规定学校附近 50 米内不得开设 KTV，甲以合同方式约定租赁乙的商铺在距学校 60 米处开设 KTV。此时首先要判断的是，下位

[①] 妥当性与必要性原则讨论的意义不大，比较重要的讨论应集中在狭义比例原则部分，参见下文的讨论。

[②] 不确定法律概念与裁量基准之分别意义。行政裁量的客体是法律后果，而不确定法律概念的客体是法定事实要件，区分二者进而伴生了对行政裁量采取"软司法审查"的理念。参见周佑勇：《裁量基准的技术构造》，载《中外法学》2014 年第 5 期；王贵松：《行政裁量的内在构造》，载《法学家》2009 年第 2 期。

法对"周围"一词是否设定了正确的裁量基准,也即认定"周围"为 50 米以内是否能实现上位法的规范目的(一般 50 米之外的 KTV 对学校直接影响较小),同时也应考虑该地该部门具体实际(例如该地该部门执法人员过少,不及广范围执法)。如果司法者认定 50 米是对"周围"的正确具体化,那就应尊重下位法的具体化,以此为判准认定上述合同是否有效;反之若司法者认定 50 米是对"周围"的不当具体化,那就可以不适用下位法(注意:法官并无适用下位法规范的义务),直接适用上位法规范判断所涉 KTV 是否处于"周围",继而再判定合同是否有效。

换言之,在存在下位法规范对上位法规范的具体化"执行"以展开其规范力之时,司法者并无适用下位法规范的义务,第一步应判定下位法规范对上位法规范的具体化执行是否正确,如是,则尊重规范力的展开,依下位法规范判断法律行为的效力;若否,则应当认定下位法规范为不当具体化从而不予适用,直接适用上位法规范对法律行为的效力进行判定。

(2)效果选择

A. 柔软化的无效效果

既然公益实现型强制性规定适用比例原则进行处理,原则上其也应同基本权保护型强制性规定一样,区分效力性规定与管理性规定,在效力性规定的情形中,亦可考虑各种可能的柔软化无效效果。

一个可能的方向,就是区分与公益相互冲突的是合同履行行为本身还是合同履行后的状态,若仅仅是合同履行行为本身可能有害公益,则履行前应判定合同无效,由于履行后即使判断无效亦无助于公益实现,故原则上应判定合同有效;相反,如果公益要去控制的不仅是履行行为,还包括履行后的状态,则无论履行前后,均应判定合同无效。①

---

① 姚明斌:《"效力性"强制规范裁判之考察与检讨——以〈合同法解释二〉第 14 条的实务进展为中心》,载《中外法学》2016 年第 5 期。

B. 有疑义从有效方向

基本权保护型强制性规定由于立足于基本权冲突,故每一基本权皆有尽可能最佳化实现的必要,但公益实现型强制性规定则不同,其中仅有一个基本权有最佳化实现的必要,换言之,公益作为基本权的例外性限制,其本身并不能与基本权的原则性相提并论,因此此处应偏重于基本权一方的保护。用法解释的语言来说,即是若有疑义,则从有效方向进行解释。

C. 无效以任何人可主张为原则

由于事关公益实现,而非任何具体特定人的基本权保护,因此一旦可能被认定无效,则任何人皆可有权主张,此点与基本权保护型效力性规定存在根本不同。

(3) 例示操作

A. 设例

设危险品制造企业甲与运输公司乙签订运输合同,将危险品从A地运送至B地交付于丙危险品制造企业,运费由丙企业到付。① 危险品仍在A地尚未上路,② 危险品已顺利运送至B地并交付给丙企业,③ 危险品已顺利运送至B地但尚未交付给丙企业,且乙并未如《危险化学品安全管理条例》第43条规定"从事危险化学品道路运输、水路运输的,应当分别依照有关道路运输、水路运输的法律、行政法规的规定,取得危险货物道路运输许可、危险货物水路运输许可,并向工商行政管理部门办理登记手续",而甲、丙企业均有危险品制造及存储资质。①

B. 适用前提检验

此时首先要以比例原则(目的正当性、妥当性原则、必要性原则和

---

① 参见昆明科析仪器成套有限公司与邓石桥公路货物运输合同纠纷案,昆明铁路运输中级法院(2014)昆铁中民终字第4号民事判决书。二审法院认为上述条例从规定的内容上看,是为了行政管理的需要而设置,并未涉及民事主体之间的利益关系,应属管理性强制性规定。本案中,原审原告将5吨氢氧化钠交与原审被告进行公路运输不损害国家利益,其危险性亦不足以损害社会公共利益。因此应认定双方之间的公路货物运输合同有效。

狭义的比例原则)考察《危险化学品安全管理条例》第43条本身是否涉及对乙营业自由的侵害,如果构成侵害,则由于司法者并无适用《危险化学品安全管理条例》这一行政法规的义务,故可以不予适用;只有在非民法领域认定其不构成基本权侵害的前提下,才应考虑其作为强制性规定对法律行为效力可能产生的影响。

C. 比例原则与法律效果

在确认行政法规应予适用之后,应再次适用比例原则,检验强制性规定是否以及如何对法律行为效力产生影响。如上文所述,此处只需就妥当性原则、必要性原则和狭义的比例原则进行检验即可。

就妥当性原则而言,此处即要考虑:使货运合同无效这一手段对达成公益保护这一目的是否妥当,一般而言,一方面要求危险品运输需要许可和登记,而另一方面让无许可和无登记的合同无条件有效,显然无法规制危险品因承运人无管控能力而损害公益的情况,故对合同而言,妥当性原则的检验通常均可过关。

就必要性原则而言,此处应考虑的是:将货运合同归于无效这一手段对达成公益保护这一目的是否有其必要性?是否有不使合同无效,但依然能够实现公益保护的手段可以选择——例如不使得合同无效,而仅仅在行政法上课以不利益、甚至在刑法上入罪?但是无论行政法还是刑法上的不利益,在实际的查处与执行上都不可能没有漏网之鱼,故还不足以代替合同无效给当事人带来的合同不受法律保护的效果。更重要的是,合同作为私法自治的工具,当事人当然会将管制法规范可能带来的风险全都考虑进去——比如瑕疵商品的提供者会把可能的行政处罚成本平均化地计入商品价金之中——再利用合同进行风险的再分配,正是由于合同所具有的这种自反(reflexive)性质,使得一般而言,单纯依靠管制法进行管制而认可合同效力,反而会出现当事人之间通过合同规避掉管制法上的管制效果的现象。因此,就实现管制目的而言,一般性地否定法律行为的效力均有其必要性。

如上文的分析，以上两个原则几乎在所有的合同中都能通过检验，所以最需要在个案中精致化去考虑的，便是狭义比例原则。在此设例中，①的情形由于危险品尚未上路，货款尚未支付，运送义务亦尚未履行，如否定货运合同的效力不仅对当事人之间的债权债务关系并无任何影响，而且能够保护的是潜在的危险品运送安全这一公益，因此一般会认为判定合同无效较合比例性；在②③的情形下，危险品已经顺利运至B地，安全事故并没有发生，此时这一公益已不需被考量，然而否定合同效力则相当于否定当事人之间的债权债务关系，换言之会对合同自由的私益造成侵害，两相衡量，否定合同效力显不合比例性，因此，原则上应先认定合同有效。①

但是合同原则上有效，并不意味着乙即可行使有效合同下的所有权利，《民法典》第836条规定："托运人或者收货人不支付运费、保管费或者其他费用的，承运人对相应的运输货物享有留置权，但是当事人另有约定的除外。"在上述③的情形中，若丙未付款，原则上应让乙享有留置权甚或同时履行抗辩权，但乙一旦享有此权利，则意味着危险品必须在无资质的乙手上储存，显然又不一定符合《危险化学品安全管理条例》第19条以下关于储存危险物的规定。

换言之，对合同项下的权利，甚至对某一具体合同之债的权能以及

---

① 与此十分类似的尚有建设工程合同，《最高人民法院关于审理建设工程施工合同纠纷案件适用法律问题的解释（一）》第1条规定，建设工程施工合同具有下列情形之一的，应当依据《民法典》第153条第1款的规定，认定无效：(1) 承包人未取得建筑业企业资质或者超越资质等级的；(2) 没有资质的实际施工人借用有资质的建筑施工企业名义的；(3) 建设工程必须进行招标而未招标或者中标无效的。承包人因转包、违法分包建设工程与他人签订的建设工程施工合同，应当依据《民法典》第153条第1款及第791条第2款、第3款的规定，认定无效。旋即第24条又规定，当事人就同一建设工程订立的数份建设工程施工合同均无效，但建设工程质量合格，一方当事人请求参照实际履行的合同关于工程价款的约定折价补偿承包人的，人民法院应予支持。实际履行的合同难以确定，当事人请求参照最后签订的合同关于工程价款的约定折价补偿承包人的，人民法院应予支持。用以解决竣工验收合格后的价款给付问题，但却没有接着处理竣工验收合格之后，可否适用《民法典》第807条这一问题。若依照本章的理论框架与昆明案件的判决，此处规定竣工验收合格后，已无任何公益需要保护，直接令合同有效即可。

工具权是否能行使，原则上应当逐项用比例原则进行检验，不能仅从整体上对合同的效力一概而论。以比例原则进行检验时，由于合同项下各项权利可能对应不同的公益（比如上述危险品运输安全的公益与危险品储存安全公益就并不相同），因此在③的情形下，除非乙的储存符合危险品储存的规定，原则上应否定乙的留置权甚至同时履行抗辩权。也就是说，在③的情形，此处的合同准确而言应是"部分无效"（就乙的留置权及对货款支付请求权的同时履行抗辩权无效）。①②

当然上文亦已言及，与基本权保护型强制性规定不同的是，因为此处涉及公益，无效的效果原则上任何人皆可主张，如丙企业的债权人丁发现丙怠于向乙请求危险物的交付，此时只要符合债权人代位权行使的要件，那丁即可以主张合同部分无效并代位丙向乙请求危险物的交付。

（4）兼有类型

是否存在某些强制性规定，兼有上述基本权保护与公益实现的性质？答案显而易见，比如刑法中故意杀人、故意伤害等罪的规定，其必然有保护基本权的性质，也有实现和平秩序的性质，此时应如何操作此类型的规范？

事实上，法律行为效力一般不需要援引刑法规范，刑法有补充性与后备性的特点，在其之前一定有其他管制法规范的存在，从行政法上依行政任务或目的进行分类，有秩序行政、给付行政、经营行政、诱导行政、公课行政、需求行政、财产行政等类型③，可知行政本就有保护基本权和实现公益两端，故援引管制法否定法律行为效力时，原则上援

---

① 同上，《民法典》第 807 条规定：发包人未按照约定支付价款的，承包人可以催告发包人在合理期限内支付价款。发包人逾期不支付的，除按照建设工程的性质不宜折价、拍卖外，承包人可以与发包人协议将该工程折价，也可以申请人民法院将该工程依法拍卖。建设工程的价款就该工程折价或者拍卖的价款优先受偿。

② 日本早期也有以履行阶段来划分合同有效无效的见解，与此案件类似。参见解亘：《论违反强制性规定契约之效力——来自日本法的启示》，载《中外法学》2003 年第 1 期。

③ 参见陈敏：《行政法总论》，2011 年自版，第 12—14 页。

引行政法即可。

那行政法的具体规范是否可能兼有两种类型的性质呢？理论上当然存在此种可能，某具体规范是为保护他人基本权，亦为实现公益。但是即使是《消费者权益保护法》这类既保护消费者基本权又保护市场秩序的立法，在某一具体法条上一般也不会兼采两种理由，最多只是通过消费者基本权保护而客观上达到市场秩序维持，或者与此相对，以维持保护市场秩序为目的，客观上对消费者起到保护效果。前者可以归类于基本权保护型规范，后者可以归类于公益实现型规范，逻辑上仍然不会在同一层面上兼具两种性质。①

三、公序良俗条款的操作方法

（一）以公序良俗取代公共利益

1. 继受法中的概念流变

法律行为违反公共利益无效的表述最早见于《民法通则》第58条第1款第5项，其认为"违反法律或者社会公共利益的"民事法律行为无效，《合同法》第52条第4项也基本承袭了《民法通则》的表述，认为"损害社会公共利益"的合同无效。学理上一般认为这里的"社会公共利益"就是"公序良俗"（公共秩序和善良风俗），与强制性规定并称为法律行为两大效力阻却要件，但一直到2017年通过的《民法总则》才在立法中正式出现了"公序良俗"的表述，即在第153条第2款规定了

---

① 当然，理论上并不排除确有在同一层面兼具两种性质的具体管制法规范。但依笔者所见，此种情形在具体规范上实属罕见，在行政法上亦尚未有探讨，因为这样作成行政行为之时，就实现公益限制人民权利的一面，需从比例原则为之，就保护他人基本权而限制另一基本权的一面，又要从基本权冲突逻辑。因此，理论上这种规范在管制法上的正当性论证就已经相当复杂，是否真的有采此种混合规范的必要，也不无疑义，故此处仅提出这种理论可能，留待来日探讨。

"违背公序良俗的民事法律行为无效"。

中文世界的公序良俗规范概念最早现于《中华民国民法典》第72条,究其源流,应译自《日本民法典》第90条"以违反公序良俗为目的的法律行为无效"。而《日本民法典》关于公序良俗的规定本承自德国民法第一草案第106条,该条源自《法国民法典》第1133条,规定违反公序良俗的法律行为无效。但德国民法自第二草案开始,就在第104条中有意将其限定于"善良风俗",而不再规定"公共秩序",最终在现行《德国民法典》第138条中,亦只有"善良风俗"的表述,而将强制性规定对法律行为效力的影响规定在第134条。当时的《中华民国民法典》兼受德日民法典影响,在第71条几乎全文采《德国民法典》第134条的表述:"法律行为,违反强制或禁止之规定者,无效。但其规定并不以之为无效者,不在此限",而相当于《德国民法典》第138条良俗违反的规定,却在第72条——很可能受到立法当时日本顾问的影响——采了接近于《日本民法典》第90条的表述:"法律行为,有背于公共秩序或善良风俗者,无效"。①

换言之,对于公序良俗日本法采取一条文主义,而德国法则将"公序"与"良俗"分置两条。20世纪30年代《中华民国民法典》虽在体例上承德国法分置两条,但在条文上却在原本只该规定背俗违法的条文中,将公序良俗并称,开我国大陆和台湾地区"公序良俗"论之滥觞。②因此在解读台湾地区今日的"民法"规定之时,除非把强制性规定排除出公共秩序的范围,将公共秩序虚文化,或者将其限定为非国家规定的社会秩序,否则在理解其"民法"第71条和第72条关系之时只会徒增困扰。

公序良俗的表述在上世纪80年代的民事立法中,并未被当时我国的立法者所接受,《民法通则》第58条第1款第5项"违反法律或者社

---

① 参见川岛武宜编集:《注释民法(3)》,有斐阁2013年复刻版,第48—49页。
② 严格来说,法典中并称公序良俗的只有此处,台湾地区"民法"第184条即关于侵权行为之规定中也仅提及善良风俗而未并称公序良俗。

会公共利益的"表述,不论其是否曾受到台湾地区"民法"的影响,后来的学理均将"社会公共利益"理解成"公序良俗"的代名词,甚至直到《合同法》将"强制性规定"与"社会公共利益"分立规定之后,学界与实务界依然持此观点。

事实上,只要考察上述法典继受的过程,就可以发现,《中华民国民法典》在强制性规定之外仍采公序良俗的表述,本就已是混合继受的谬误,我国从《民法通则》到《合同法》进一步将"社会公共利益"与"公序良俗"等同,无疑是误上加误。所以说,《民法总则》及《民法典》从"社会公共利益"回归到"公序良俗"的表述,可以说是正本清源的第一步。但如果从上述法继受流变而言,"公序良俗"的讲法仍是行百里而半九十,此处的"公序良俗",更精确地说应不含任何位阶的强制性规定在内,其毋宁应是单纯的"善良风俗"。

2. 回归基本权保护的本质

将"社会公共利益"或"公序良俗"回归"善良风俗"的提法,从我国民事立法的体系解释和基本权保护角度而言,也能多有所印证。

首先,原《合同法》第 52 条第 5 项将强制性规定的位阶限定于法律与行政法规,如果立法者意在用该条第 4 项授权司法者将任意位阶的强制性规定都以"社会公共利益"的名义纳入,作为合同无效的理由,那第 5 项的规定就无异形同具文。

其次,显然,在实际的操作中,仅利用第 5 项的条文并不足以调和公私法之间的矛盾。即使上文用解释的方式,将正确地具体化执行上位法规范的下位法解释进第 5 项的强制性规定之中,依然有很多应当判定合同无效,却遍寻不到法律或行政法规上的强制性规定的情形。

然而一如上文所述,虽然德日诸国民法都没有限定强制性规定的位阶,但是在以公益为由限制法律行为自由背后的基本权的情形下,限定规范位阶本就是法律保留的题中之义。因此,可以说基于公益限制法律行为效力的情形,已经被原《合同法》第 52 条第 5 项及《民法典》第 153 条第 1 款尽数涵盖,而基于基本权保护限制法律行为效力的情形,在基本权保护成文化于法律与行政法规的情形,也被第 52 条第 5 项及《民法典》第 153 条第 1 款涵盖。是故,给"社会公共利益"与"公序良俗"留下空白的部分,逻辑上就只有在法律与行政法规未成文化,但是仍需以基本权保护为由,限制合同效力的情形。具体而言,此处又可以分为两种情形,第一种情形是下位法已有基本权保护的明文规定的情形,第二种情形是未有任何下位法规定,司法者单纯基于基本权保护义务,来限制契约自由的情形。

(二) 不同类型的操作方法

1. 类型区分

(1) 基本权保护型下位法

除法律、行政法规以外,下位法立法作为国家行为的一部分,也是国家对人民提供的给付,因此为给付时自然也不免负担基本权保护的义务。不过,因为法律、行政法规于立法时有直接或间接的民意基础,所以其不但能定立保护自由权的法律,也能量诸国家财政、人事等各方面给付的产能,定立保护受益权的法律。

下位法规范则不同,其要实现的一般来说是自由权的保护,如在《民法典》合同编的典型合同之外,再以下位法规范的形式去制定一些有地域特色的典型合同相关法律,以减省当地典型交易的成本,同时也方便法官在对当地合同作补充解释时用以参考。至于对人民受益权的保护实现到何种程度,则要揆诸地方公权力的整体给付能力,若涉及公共资源的调配便更要有相应的民意基础,因此,除了地方性法规之外,其他下位法规范无权介入此种立法。

(2) 司法的基本权保护义务

除却狭义立法与行政立法负有基本权保护义务之外,司法作为国家行为的一种,当然也应发挥基本权保护的功能。因此,即使立法与行政对法律行为自由未以任何强制性规定进行限制,司法者也有义务发现法律行为自由和其他基本权的冲突,并在个案中调和基本权之间

2. 效果选择

（1）论证义务

首先，无论是否有基本权保护型下位法，司法者都有义务论证个案中对法律行为自由的限制是为其他基本权保护的需要，不得归之以简单的公益。

其次，若存在法律与行政法规位阶的基本权保护型强制性规定，司法者应首先回归到上述强制性规定进行论证，不得径以公序良俗条款作出裁判。

复次，若存在基本权保护型下位法，则司法者的论证义务可以相对减轻，但仍需论证此下位法规范系出于对基本权的保护，且此规范本身未逸出该基本权的保护范围。

最后，只有在没有任何基本权保护型规定以为无效事由之时，司法者才能以司法形成论述，基于其他基本权保护的要求否定法律行为效力。

若以此标准审视著名的泸州遗赠案[①]，则必须论证，正是由于在个案中对继承人财产权的保护应优于对被继承人遗嘱自由的保护，遗嘱才能被认定为无效。如果司法者无法将限制法律行为自由的理由回归到对其他基本权的保护，则司法者认定法律行为无效的论证就是不充分的。如果司法者没有审视各位阶基本权保护型规范，则其径以公序良俗进行裁判也存在瑕疵。

（2）主张权人与无效效果

既然同样涉及基本权冲突，则无效以基本权人主张为原则，另外，视两项基本权合比例实现的需要，也应同样存在一部无效、向后无效、相对无效、一方无效、效力未定、可终止等各种柔软化无效效果的可能，不应以任何人皆可主张的绝对无效为原则，此不赘论。

---

① 参见张学英依与其同居人所立遗嘱诉遗嘱人之妻蒋伦芳给付受遗赠的财产案，泸州市中级人民法院(2001)泸民一中字第 621 号民事判决书。

(三) 两种特殊情形

1. 公益实现型地方性法规

除了上述情形以外,在公序良俗条款中可以再进一步考虑的,是公益实现型地方性法规的纳入。《民法典》合同编因形塑统一市场的需要,在合同无效的原因上特地将地方性法规排除在外,其时的背景,是法院对下位法正当性审查的不彰。但如今,一方面司法对下位法正当性的审查已逐渐掌握方法,另一方面,《立法法》第72条第2款又将地方性法规的制定权大规模下放,同时也未禁止有民意基础的地方性法规对人民权利进行限制,另外,《立法法》还设有地方性法规备案审查的制度——种种背景转换之下,《合同法》当时的规定,可以说已经逐渐形成嗣后的漏洞。

试想,在现行法下,如何能既让享有立法权的地方行政机关基于城市管理的公益需要广泛地制定强制性规定,又放手让这些违反具有民意基础的强制性规定的法律行为一概有效?比较好的方法,也许就是让"公序良俗"例外地承担起漏洞填补的功能,让公益实现型地方性法规也实质上被纳入法律行为生效要件体系中,起到助力地方公益实现的作用。

2. 被误用的概括性条款

实践中利用《民法典》合同编社会公共利益条款较多的领域,还有竞争法制、风险行政、税务行政等。反垄断法制、风险行政因为高度的专业行政的要求,故而通常会大量运用授权规范、概括条款、不确定法律概念等方式进行行政管制,以应对复杂多变的管制对象。换言之,在这些领域经常不存在明确的强制性规定,所以以社会公共利益判定合同无效情形的数量也就相对居多。

但如果理解上文对下位法规定的界定,就可以了解,无论是授权规定还是解释规定,其本质上与上位法规定还都是同阶不同层。严格来说,此处并非不存在强制性规范,而只是下位法授权与解释的构造相对复杂而已,因此,对基于此类规范判定法律行为无效的情形,不宜援引公序良俗条款,而应回归到授权与解释的强制性规定进行论证。

四、余论:以案例法方法支撑跨法域释义学

本章自始即认为,法律行为阻却生效要件体系如果无法释义学化,则无论借法邻国还是类型化都是缘木求鱼,其始终无法建立起一套可操作的方法去控制司法者的恣意裁判,也无法让不同审级的司法者之间相互对话。

假使我们能认知到公私法之间的价值协调,本质已经是宪法上的法律行为背后的基本权与公益或其他基本权的冲突,那么以务实协调原则或以比例原则建构阻却生效要件的跨法域释义学,几乎就是必然之选。相比于既有的分析方法,运用本章所建议的分析方法,可以非常明确地透析出为以往学说所忽视的真正基本权冲突型的强制性规定,并说明其判断过程与法律效果的不同;同时,在以往学说一向关注的公益实现型强制性规定,本章建议的分析方法也能通过论证义务的设定与论证顺序的控制,避免挂一漏万的恣意思考,特别对于公序良俗条款如何补充强制性规定、界限与危险为何,借助本章所建议的分析工具,都已有比较清晰的说明。

但是,无论是务实协调原则还是比例原则,都不像三段论推理一样具有高密度的操作性,究竟基本权与基本权、基本权与公益的冲突何在,虽然上文已尽可能给出很多对论证义务及过程的控制,但还是留给司法者相当大的裁量空间。同时,由于我国宪法基本权的理论与其中的实质价值判断,基本都承自比较法,所以即使是熟谙宪法基

本权,也很难在个案中为民事司法者提供有效的实质性判断。① 反而言之,类型化虽然具有相当的可预见性,但诚如本章开篇时的批判所言,到目前为止我国的类型化都还是基于比较法,其基准何在,面对新案型又应如何归类,这些问题无法回答,在方法上都是治丝益棼。

  本章最后建议的,是一个可以与法释义学相容的途中形态,是抛开以往的类型化进路,以务实协调原则和比例原则为基础,以案例法作为方法论来进行个案的辨异②,从个案中抽出重要事实及与之对应的先例性规范,并以此为基础进行个别先例性规范的辨异、整理,逐渐在积累先例性规范群的过程中整理体系,构筑类型——此处的类型并非基于个案事实的类型化,而是基于法理的逻辑互斥的类型化——最后形成有阶层的法释义学体系。③ 从这个意义上来说,以上借法基本权理论所提出的分析框架与建议,不过只是起了个小题,但本章就转介条款研究误区所提的警示,却衷心希望得到同道者的关心和重视。

---

  ① 苏永钦教授即认为,宪法基本权对私法的效力与公序良俗本身是不同的两条管道,前者注重宪法价值对民法价值的统合,后者则注重从社会角度对民法价值予以调试。因此,若依其分析,本章建议的将宪法基本权贯穿公序良俗,有可能导致统合与调试的失衡,因此特别需要注意的是,对基本权的阐释要回归本土、回归社会,特别对于由社会形成的基本权(如隐私权等人格权)尤其如此,如此避免本章建议的方法可能存在的风险。关于基本权的阐释要回归本土回归社会的论述,参见苏永钦:《部门宪法——宪法释义学的新路径》,载苏永钦编:《部门宪法》,元照出版公司2006年版,第3—31页。
  ② 苏永钦:《以公法规范控制私法契约——两岸转介条款的比较与操作建议》,载氏著:《寻找新民法》,北京大学出版社2014年版,第360—362页。
  ③ 统合法释义学和先例性规范的尝试,参见章程:《论指导性案例的法源地位与参照方式——从司法权核心功能与法学方法的融合出发》,载《交大法学》2018年第3期。

第六章 从基本权理论看行政行为对法律行为效力的作用[*]

一、公权力影响法律行为效力的体系盲点

法律行为效力评价体系是民法学的经典议题,其中又以法律行为违反强制性规范无效最易滋生实务纠纷,因此也最为学界讨论所重。[①]但事实上,公权力对法律行为效力的影响,远不以立法层面的法律与行政法规的强制性规范为限,倘若当事人尚未争讼至法院,现实中行政行为对法律行为的作用反倒是比强制性规范的影响更为直接,也更为常见。

在学界迄今为止的研究中,行政行为对法律行为的作用亦已见于公私法学者对各类具体议题的讨论。比如涉及强制性规范,比较法上偶有学者会提及一般行政决定对法律行为效力的影响[②];关于影响法

---

[*] 本章曾以《论行政行为对法律行为效力的作用——从基本权理论出发的一个体系化尝试》为题发表于《中国法律评论》2021年第3期(总第39期)。

[①] 关于强制性规范对法律行为效力的实务整理,参见姚明斌:《"效力性"强制规范裁判之考察与检讨——以〈合同法解释二〉第14条的实务进展为中心》,载《中外法学》2016年第5期;朱庆育:《〈合同法〉第52条第5项评注》,载《法学家》2016年第3期;引入德国或日本学理的讨论则更多,如苏永钦:《违反强制或禁止规定的法律行为》,载苏永钦:《私法自治中的经济理性》,中国人民大学出版社2004年版,第30—52页;解亘:《论违反强制性规定契约之效力——来自日本法的启示》,载《中外法学》2003年第1期。

[②] 参见苏永钦:《从动态法规范体系的角度看公私法的调和——以民法的转介条款和宪法的整合机制为中心》,载氏著:《寻找新民法》,北京大学出版社2014年版,第326页以下。不过,由于我国与比较法上不限规范位阶的通常规定不同,自《合同法》以来就将强制性规范的位阶限定于法律与行政法规,因此此种讨论也并未见于我国学界。

律行为效力的不动产物权变动登记、婚姻登记,我国公私法学界关于登记性质的争议延续了二十余年①;而在需批准合同这个在我国聚讼已久的议题中,认为批准决定法律行为效力的观点也不在少数②。如果再考虑到合同备案、资质认定甚至抽象行政行为等其他不同形态的行政活动的作用③,行政行为对法律行为效力的影响可以说几乎贯穿法律行为效力评价体系的始终。

但是,通观以上关于行政行为对法律行为作用样态的研究,却总给人以盲人摸象、各得一隅之感。为何不同行政行为对法律行为的效力会有不同的影响,行政行为的不同类型与法律行为效力形态又如何对应,这些问题始终没有得到体系性的阐释。更进一步说,作为此问题讨论的基础,具体情形中影响法律行为效力的行政行为究属何种类型(如前述的不动产物权登记行为的性质)在学说上未必都已经有了一致的见解。也许正是因为行政行为的影响散落于法律行为自成立到生效的各个阶段,故相比于影响法律行为效力的强制性规范,行政行为作用的体系化程度才显得如此不足。

体系建构当然不仅是为了满足学者类型化的理论癖好,区同辨异的实践功能归根结底在于法律适用的精确性。比如就合同备案这一行政行为而言,应备案而未备案的合同究竟是可与未获批准的合同一

---

① 民法学界早期有学者提出登记是私法行为,参见王洪亮:《不动产物权登记立法研究》,载《法律科学》2000年第2期。行政法学界对登记性质的认识则存在行政事实行为、行政行为、公私法复合行为等多种学说,参见吕艳辉:《公私法交织中的不动产登记》,载《北方法学》2008年第5期;王亦白:《论不动产登记的私法和公法双重属性》,载《行政法学研究》2018年第1期;章剑生:《行政不动产登记行为的性质及其效力》,载《行政法学研究》2019年第5期。

② 参见刘贵祥:《论行政审批与合同效力——以外商投资企业股权转让为线索》,载《中国法学》2011年第2期;吴光荣:《行政审批对合同效力的影响:理论与实践》,载《法学家》2013年第1期;汤文平:《批准生效合同报批义务之违反、请求权方法与评价法学》,载《法学研究》2014年第1期。

③ 有关资质许可对合同效力影响的整理,参见姚明斌:《"效力性"强制规范裁判之考察与检讨——以〈合同法解释二〉第14条的实务进展为中心》,载《中外法学》2016年第5期。

样归于效力待定,还是直接以法律行为违反强制性规范为由否定其效力?① 要弄清楚这个问题,就必须进一步讨论备案这一行政行为是否具有形成私法法律关系的效力,而与此相关联更深一层次的问题则是,在法律行为的效力评价上,国家为何要设置不同阶段、不同类型的行政行为予以管控。这一系列的问题不但涉及实体法的适用,也会涉及诉讼中民事与行政的界分。比如,不动产登记以民事关系为基础,一旦登记与实际的权利不符,应首先通过民事诉讼解决基础民事关系的问题,只有在厘清了民事关系之后才会有更正登记以及因此所生的行政诉讼的问题。② 与此相对,合同批准行为的救济无论是复议还是诉讼,都不必顾及基础民事关系,而可以直接就行政行为的合法性进行争诉。在此基础上,若再跳出单纯的法解释,上升到法政策的层面来看,只要行政行为对法律行为效力的作用得以体系化,那么在未来的行政立法中,就可以基于对法律行为效力影响的考虑,有针对性地设置不同类型的行政行为。如此,在前端的行政立法阶段,便可有意识地实现公私法之间的体系协调,对后端司法中法律行为效力的个案判断也能更有效地发挥指针作用。

更进一步,从公权力对法律行为作用的整个体系切入,在多元多变的现代社会,行政的作用其实早已经无远弗届,法律与行政法规中的强制性规范也可能多由行政行为而具体化。从功能分配最适的角度来看,如果行政行为已对强制性规范进行具体化,司法似乎没有理由不顾行政机关的专业判断,仍然直接根据其对强制性规范的理解判断法律行为的效力。因此,只要行政行为对法律行为的作用没有体系化,那么强制性规范对法律行为效力的体系化一定也难称其全。

---

① 当然在知识产权领域,备案还可能发生权利变动的效果,参见杨玲:《专利实施许可备案效力研究》,载《知识产权》2016 年第 11 期。
② 《最高人民法院关于适用〈中华人民共和国民法典〉物权编的解释(一)》(法释〔2020〕24 号)第 1 条:"因不动产物权的归属,以及作为不动产物权登记基础的买卖、赠与、抵押等产生争议,当事人提起民事诉讼的,应当依法受理。当事人已经在行政诉讼中申请一并解决上述民事争议,且人民法院一并审理的除外。"

二、法律行为效力评价体系的再深化

要体系化行政行为对法律行为效力的作用,首先要从国家强制的角度重新厘清法律行为效力评价体系,在此基础上方能考虑何种国家强制方式应以何种类型的行政行为相对应的问题。

(一) 不同角度的三分体系

正如有学者业已指出的,我国传统民法理论上对法律行为成立、生效要件的分类并未投予太多关注[①],直至最近二十年,才出现较多学说采用不同类型的三分法构建法律行为效力评价体系。

我国台湾地区学者陈自强以债权契约为典型,从举证责任分配的角度切入,将法律行为的成立、生效要件划分为由主张契约请求权者举证的契约成立要件、由主张契约请求权相对方举证的效力阻却事由和分情况讨论的积极有效要件。[②] 同为我国台湾地区学者的苏永钦则从贯彻国家强制与私法自治的理念出发,原则上将涉及私法自治者归于成立要件,将涉及国家强制者归于阻却生效要件,而将间于其中、可得补正者,如第三人同意、行政机关批准等,均归于特别生效要件。[③] 德国学者莱嫩(Leenen)兼取二者而从之,实体判断上较似苏永钦的分类[④],以自治为成立要件的中心,以有效障碍事由(Wirksamkeitshindernis)为

---

① 参见苏永钦:《私法自治中的国家强制》,载氏著:《走入新世纪的私法自治》,元照出版公司2002年版,第26页。

② 参见陈自强:《法律行为、法律性质与民法债编修正》(下),载《台湾地区本土法学杂志》第6期(2000年1月)。

③ 参见苏永钦:《私法自治中的国家强制》,载氏著:《走入新世纪的私法自治》,元照出版公司2002年版,第27—31页。

④ 准确地说,莱嫩采取的是六分法,将意思表示分为成立、生效和有效障碍事由,在此基础上再建立法律行为的三分体系。相关介绍参见王琦:《德国法上意思表示和法律行为理论的新发展——兼论对中国民法总则立法的启示》,载《清华法学》2016年第6期。

私法自治的界限,而有效要件(Wirksamkeitserfordernis)则最主要是第三人同意等,在此基础上,莱嫩也提及了举证责任的区分效果。①

通过上述分类的整理可以看出,学说基本采取了两种分类标准,一是从举证责任着眼,二是从自治与管制的关系着眼。② 就本章主旨而言,后者标准的分类似乎足有可借鉴之处。不过,无论是莱嫩还是苏永钦的三分法均未将国家强制的类型阐释清楚,比如苏永钦的分类里就未考虑将不动产登记、婚姻登记置于何处,而在围绕特别生效要件或有效要件的讨论中,二者均混成了自治与强制两个层面的考量。

(二)基于基本权理论的四分法

事实上,不但特别生效要件中强制与自治的因素混杂,因失之"过于繁琐"而被苏永钦舍弃的"特别成立要件"的概念,也同样涉及国家强制的因素。因此,要厘清国家强制的类型,还需再作进一步的分类。③

选择莱嫩的三分法作为起点,原因在于其以事实构成作为成立要件的基准,如合同需要两个对立的意思表示的合致,此时,法律行为成立与否只需要看其最核心要素——意思表示的存否及是否一致即可,此时尚不涉及任何外部法秩序的价值评价。而只有法律行为成立,才需要开始接受不同层次的外部法秩序评价,其中,首当其冲的是私法交易秩序的考量。不同交易对法律行为的要求各有不同,比如代理权之于代理行为、处分权之于处分行为,甚至还有一些是程序或形式上

---

① 朱庆育则综合三家学说,提出自己的观点,比较突出的特点,是其将包括行为能力、撤销在内的各种情形都纳入了有效障碍事由中。参见朱庆育:《民法总论》,北京大学出版社2016年版,第121—124页。

② 当然这二者并非完全是两个视角,莱嫩有意识地区分了私人自治和法秩序两个理念,将意思表示制度归于私人自治,而将法律行为置于法秩序,这样就可以在诉讼和实体上统摄两者。参见王琦:《德国法上意思表示和法律行为理论的新发展——兼论对中国民法总则立法的启示》,载《清华法学》2016年第6期。

③ 参见苏永钦:《私法自治中的国家强制》,载氏著:《走入新世纪的私法自治》,元照出版公司2002年版,第30页。

的一般或特别的要求,比如登记或交付、书面形式等。这些要件都被莱嫩称为积极的有效要件(Wirksamkeitserfordernis),以区别于传统的生效要件(Wirksamkeitsvoraussetzung)(为符合通常用语习惯,以下仍称生效要件)。① 这些要件是对普遍交易中私法自治门槛的规定,可以说是国家为私法自治构建的基本交易规则。至此为止的外部秩序,仍不涉及任何私法交易秩序之外的价值考量。但再向外拓展,有效障碍事由(Wirksamkeitshindernis,为统一用语,以下仍称阻却生效要件)的功能便超出了私法交易秩序的基本保障,而本质上属于私法秩序之外的公共政策落实或行为管制,这一类要件从整体法秩序的角度对私法交易秩序进行再检视,一旦法律行为违悖相关的管制要求,国家就有可能消极地否定其效力的发生。

换言之,积极生效要件的目的在于支援以私法自治为中心的交易秩序,若"未及"此种要求则无法积极地发生效力(不生效力/unwirksam),而阻却生效要件则是从整体法秩序出发为私法自治划定的边界,若生违悖则会因自治"过度"而遭到效力否定(无效/nichtig)的负面评价。也因此,前者通常留存让法律行为重新"符合"私法交易秩序的空间,使原本不生效力的法律行为可因要件的补正复生效力②;而后者非但没有补正的可能,任何试图在形式上规避行为管制的做法反而都会被归于脱法行为。至此,可以看出第一层次的成立、第二层次的不生效力与第三层次的无效之间存在功能的递进关系:成立要件在满足法律行为要素,有效要件在完善私法自治的交易秩序,而有效障碍事由则在调和法律行为与整体法秩序的矛盾。也因此,第一层次不可能有任何国家强制介入的必要,但到了第二或第三层次,由于涉及国家

---

① 参见朱庆育:《民法总论》,北京大学出版社2016年版,第120页。
② 不过这里不是没有例外,比如除了婚姻行为能力的瑕疵治愈可以看作"补正"外,一般而言行为能力欠缺是无法补正的。当然在莱嫩的理论中,本就不将行为能力和部分意思表示瑕疵置于法律行为制度,而将其作为意思表示的阻却生效事由加以讨论。参见王琦:《德国法上意思表示和法律行为理论的新发展——兼论对中国民法总则立法的启示》,载《清华法学》2016年第6期。

权力对不同秩序的维护与完善,就可能相应存在不同类型的国家强制。

要区分这两种强制,不妨引入宪法基本权的视角。仅就财产法而言,市场交易一般以财产权与营业自由等自由权为其宪法基本权基础,国家本就可以以公益或其他主观基本权的保护为由对于财产权或营业自由进行限制,在刑法或行政法上表现为各种强制性规范,在民法则主要表现为因违反强制性规范或公序良俗所导致的法律行为无效。① 与此相对,出于基本权的制度保障,国家也应尽可能从客观法的层面构建保障财产权和营业自由的交易秩序,这种客观法秩序落实于民法领域即是民事基本规范,比如典型物权、典型合同及法定之债的规定,而落实于行政法领域,则以直接发生私法效力的登记制度为其适例②,包括民商事主体登记、物权登记、婚姻登记等。③ 因此,从营业自由或财产权此类宪法基本权实现的角度来看,理论上可将法律行为评价体系中的成立要件和生效要件划入基本权的客观法秩序保障之列,而将阻却生效要件归于基本权限制之列。

但是,细考法律行为的各种效力类型可知,以上分类方式还无法描述法律行为效力评价体系的全部。有可能动摇上述分类方式的,是对法律行为程序管制的规定。如上所述,法律行为初始阶段的各种程序性管制,如处分权人、代理权人的同意等,原则上可以视作国家对自由权落实的保障,不过,显然并非所有的程序管制都可被认为是基于基本权保障的要求——合同的批准、备案等就都是基于公共政策的需要而设立的。也就是说,这些程序管制虽然在功能上属于第三层次的私法秩序与整体法秩序的调和,但在法技术上却用了第二层次的可补

---

① 参见章程:《从基本权理论看法律行为之阻却生效要件——一个跨法域释义学的尝试》,载《法学研究》2019 年第 2 期。
② 参见张翔:《基本权的双重性质》,载《法学研究》2005 年第 3 期。
③ 当然,这些登记并非完全不含基本权限制的因素,比如民商事主体登记与婚姻登记的要件中,都含有许可成分。

正。① 按照此种逻辑对莱嫩理论中的积极生效要件进行再分类,可将其进一步细分为以保障私法交易秩序为目的者和以调和整体法秩序为目的者两种:前者可以"一般生效要件"名之,由于其涉及交易秩序的基本规定,故通常见于民事基本法,诸如处分权人、代理权人的同意、物权登记、婚姻登记等皆属其列;而后者可以"特别生效要件"名之,因其有特别管制目的,故一般不在民事基本法之列,通常散见于各单行立法之中。②

至此,按国家强制的作用对法律行为进行效力评价,可以将莱嫩主张的三分体系进一步细分为四分体系——原则上国家强制无涉者归于成立要件,国家为保障私法秩序所设立的要件属一般生效要件,国家为整合交易秩序与整体法秩序赋予行政机关事先判断权者为特别生效要件,而国家为整合私法秩序与整体法秩序赋予司法机关嗣后判断权者则为阻却生效要件。

三、影响法律行为效力的行政行为作用类型

(一)基本权对行政行为类型的结构定位

那么,对于不同国家强制形态的一般生效要件、特别生效要件与阻却生效要件,行政行为各以何种类型与之匹配,其相互之间又如何进行区分?要解决这些问题,同样可以用宪法基本权理论对行政行为的基础分类进行筛选。

行政行为这一概念在我国指向广狭多种含义,各自所要解决的问题也不同,下文所称的行政行为采最广义的行政活动的理解,包括行

---

① 参见我国台湾地区释字 726 号苏永钦大法官一部不同一部协同意见书。
② 我国虽将合同的批准规定于《民法典》第 502 条第 2 款,但具体何种合同需要批准,仍交由特别法予以规定。

政事实行为与行政法律行为,后者又包括具体行政行为与抽象行政行为①,而在具体行政行为中,最为核心的当然是作为单方行政行为的行政决定。行政决定本身也存在多种分类方式,例如,按行政决定对相对人是否有利为标准,可分为授益性行政决定与负担性行政决定。依此标准,通常可认为法律行为一般生效要件中所涉及的行政决定是授益性行政决定,其所据规范亦属国家为营业自由或财产权建立的客观法秩序。与此相对,阻却生效要件中所涉及的行政决定则因本质上属于自由权的限制,可划入负担性行政决定的范畴,而在同样归于营业自由限制的特别生效要件所涉及的行政决定中,允其生效的行政决定属于授益性行政决定,而不予允准者则属拒绝授益的负担性行政决定。②

在此基础上,又可以行政决定规范作用形态为标准,分为命令性、形成性与确认性行政决定。③ 其中,命令性行政决定必然为相对人设定公法上的行为义务。而形成性行政决定对法律关系具有形成力,这种行政决定既可能形成公法上的法律关系,也可能形成私法上的法律关系,后者一般称为私法形成性行政决定④,如可改变物权归属的征收决定即其适例。⑤ 至于确认性行政决定,其对象则不以公法上的法律关系或权利义务为限,也并不改变私法主体原本存在的实质法律

---

① 参见应松年主编:《当代中国行政法(第三卷)》,中国方正出版社2005年版,第763页以下(杨海坤执笔)。另参见陈越峰:《中国行政法(释义)学的本土生成——以"行政行为"概念为中心的考察》,载《清华法学》2015年第1期。

② 参见陈敏:《行政法》,2011年自版,第343页。

③ 这一分类源自德国,也是我国台湾地区对行政行为(行政处分)的常见分类,但在我国并不是教科书中所见的主流分类。参见应松年主编:《当代中国行政法(第三卷)》,中国方正出版社2005年版,第776页以下。

④ 其实早在抗战之前,这一行政行为的分类已经日本学者美浓部达吉的《公法与私法》译本为我国学界所知,参见〔日〕美浓部达吉:《公法与私法》,黄冯明译,中国政法大学出版社2003年版,第170—172页。

⑤ 当然需要注意的是,征收决定即时改变物权的归属的立法只存在于我国,比较法上一般要到补偿款发放完毕才发生物权移转的效力。参见谢在全:《民法物权论》(上册),中国政法大学出版社2011年版,第74页。

地位。

　　法律行为的阻却生效要件所涉及者,主要为根据强制性规范作出的命令性行政决定,此无疑是对自由权的限制。当然,法律行为的效力判断当然不以命令性行政决定的存在为其必然前提,但基于功能最适的考量,若已有行政决定具体化强制性规范,且其一般合法性无虞的情况下,司法机关仍应尊重行政机关的判断。① 此时,命令性行政决定的作出不必以既有私法关系的性质认定为基础,仅需审查法律行为是否违反强制性规范即可。与此相对,影响法律行为效力的确认性行政决定则必以私法关系的判断为其基础,比如《民法典》第 232 条规定,"处分依照本节规定享有的不动产物权,依照法律规定需要办理登记的,未经登记,不发生物权效力"②,此种确认性行政行为显然属于法律行为一般生效要件之列。至于形成性行政决定就比较复杂,与生效要件相关的私法形成性行政决定本身有较多的子类型,类似不动产设权登记的认可行为,因为无涉公共政策的判断,故原则上应与以完善私法交易秩序为目的的一般生效要件相连,而批准行为则几乎必然涉及公共政策判断,因此,应与容纳政策判断的特别生效要件相连。

　　综上,按与法律行为效力评价体系的对应,可初步将行政行为分为以下几类:与一般生效要件相对应的行政行为,有旨在完善交易秩序、实现自由权的行政确认(确认性行政决定)与私法形成性行政决定;与特别生效要件相对应的,是旨在贯彻公共政策、限制自由权的私法形成性行政决定;而与阻却生效要件相对应的,则以贯彻公共政策、限制自由权的命令性行政决定为主。

---

　　① 此处的逻辑与司法对行政行为的合法性审查相似,在行政机关存在专业判断时仍应尊重行政机关对强制性规范的理解。否则民事法官直接判定法律行为违反强制性规范无效,但行政机关判断该行为不违反强制性规范之时,对行政决定合法性无权审理的民事诉讼判决就有可能与行政决定相冲突。
　　② 行政法学界一般都比较容易忽略确认性的宣示登记,而集中讨论物权变动的登记。比如章剑生最近讨论不动产登记性质的文章,就以不动产登记为物权变动登记为当然前提。参见章剑生:《行政不动产登记行为的性质及其效力》,载《行政法学研究》2019 年第 5 期。

(二) 特别生效要件对应的私法形成性行政决定

不过,以上只是将法律行为的生效要件与行政行为的对应作了基本概念上的区分,在具体规范适用过程中,特定行政行为与法律行为效力评价要件的对应其实并不是那么容易的。其中最难确定的,就是哪些行政行为应该归于与特别生效要件相对应的行政许可之列。因此,以下先就基于政策管制目的的特别生效要件再作一些深入的考察。

如果把奠基私法交易基本秩序的一般生效要件与旨在贯彻政策管制目的的特别生效要件相比,就可以发现,前者的程序控制存在于普遍交易之中,而后者仅在特别类型的交易中才存在。若撤去特别生效要件或有损于公益,但交易会变得更便捷,也不会损及交易安全,但若缺少了如处分权、代理权、不动产登记等一般生效要件,基本的交易安全便会陷于紊乱,此时不论何种交易都有可能因交易成本的升高而掣肘难行。因此,一个初步区分一般生效要件和特别生效要件的外部标准,就是判断其是以普遍交易还是以特别交易为规范对象。

但是,即使是以特别交易为规范对象,也还不宜贸然把所有的程序管制都归入特别生效要件,进而认为所有未依规定完成相关行政程序的法律行为都应属无效。原因在于,一旦据此将这些缺乏程序要件的特别类型交易都归于无效,结果不是让负责的管制机关吝于设置各种不同目的的程序性管制,就是让被规范的交易主体因在前期就投入过大的交易成本而怯于交易。故而,除非存在高度的事前管制必要,否则还是让此类程序性管制回归到阻却生效要件之列,使司法进行事后判断在功能分配上比较妥当。① 换言之,即使是特别交易的情况,原则上只有在交易对象数量不多的高度管制领域,被规范者对这种管制都有比较高的预见,同时管制的必要性也较高的情况下,让行政机关以

---

① 参见我国台湾地区释字 726 号苏永钦大法官一部不同一部协同意见书。

私法形成性行政决定实施强力的事前效力控制,在宪法基本权限制上才有比较充分的正当性。事实上,我国实定法也只有在特别管制的三资企业、技术进出口和采矿探矿以及武器装备研制等极其限定的领域才存在批准生效的合同。[①] 当然,这种形成私法效果的行政决定也不能因《民法典》的文义而限于需"批准"的合同,《反垄断法》中的经营者集中的"申报",以其管制的领域和该法第 25 条的文义论,也当属特别生效要件之列。

从这个角度回头看,实务中常见的当事人负有备案义务的各种合同[②]——建设工程合同、格式合同等——因其制度普遍性不足,显然不可能属于构成基本交易秩序的一般生效要件,而就管制必要性而言,这些合同的备案又很难与高度管制领域的批准相提并论,所以,也不能认定为私法形成性行政决定。一言以蔽之,此时的备案并未引发任何公私法上的法律效果,故只能将其定性为行政事实行为,违反备案规定的合同,应根据阻却生效要件作效力上的判断。

(三) 一般生效要件对应的行政决定类型

1. 自由权实现保障的行政决定类型

相较于特别生效要件,一般生效要件因其完善一般交易秩序的特性,比较容易作判断。在此,行政决定最主要提供客观法秩序的手段是登记制度,包括物权登记、婚姻登记等。

不过,由于登记制度设计的不同,各类登记所对应的行政决定类型也不尽相同。以物权登记论,首先需要区分的是宣示登记与设权登记。宣示登记是对既有物权状态的确认,而设权登记则决定是否及如何发生法律效力。上文亦已论及,宣示登记的典型见于《民法

[①] 相关整理参见李宇:《民法总则要义》,法律出版社 2017 年版,第 447 页以下。
[②] 这里限于不备案将遭受公法上不利益的备案,如房屋租赁合同、劳动合同这些只是为了留存证据的任意型备案并不会产生直接实体法上的效果,因此没有讨论的必要。

典》第232条,物权不因登记发生变动,但未登记物权的处分不生效力,故此处的宣示登记可归于影响法律行为效力的一般生效要件之列。结合行政决定的类型来看,此条的宣示登记应属典型的行政确认。①

设权登记则有所不同,典型的设权登记如基于法律行为而生的不动产物权变动中的登记生效,也即《民法典》第214条规定的"不动产物权的设立、变更、转让和消灭,依照法律规定应当登记的,自记载于不动产登记簿时发生效力"。此时,私法上的物权变动虽以民事关系为基础,但"非经登记不生效力"却足以说明物权变动的法律效果是因登记而发生,而非如宣示登记仅具确认既有法律关系的功能,因此,设权登记属于典型的私法形成性行政决定。② 只不过,此类设权登记行为因仅旨在完善私法交易秩序,不涉及任何公共政策与私法自治的协调,故没有必要如特殊生效要件般存在行政裁量的空间。

需要注意的是,严格来说,设权登记并不仅限于登记生效物权变动的情形,登记对抗而生的物权变动亦属此列。登记对抗物权在合同订立时已发生物权变动的效力,但对抗善意第三人的效力亦属物权效力的一种,此种物权效力仍经登记这一行政决定而发生,故其形成私法关系的效果与仅在确认既有法律关系的宣示登记有本质不同③,二者不可混为一谈。

2. 一般生效要件中的整体法秩序考量

这里真正值得注意的是,在设权登记中,登记生效与登记对抗这两种登记制度间的选择,并非完全没有私法交易秩序之外的考量。

---

① 参见张双根:《〈物权法〉第31条释义》,载《华东政法大学学报》2007年第6期。除此之外,注销登记、更正登记亦属于宣示登记之列。

② 这里不仅包括移转登记,异议登记、预告登记等非移转登记的情形也会发生物权法上的实体权利变动。参见崔建远:《物权:规范与学说》(上册),清华大学出版社2011年版,第180页以下。

③ 比如地役权登记中的注销登记,也还是宣示登记。登记对抗物权变动中两种登记的区分,参见戴孟勇:《论地役权登记对地役权变动的影响》,载《当代法学》2010年第2期。

若仅为私法交易秩序计,一般生效要件于物权登记采对抗主义的构造已足堪保护交易安全。然而,法律之所以采取登记生效主义,强令未登记者不发生物权变动效果,且限于不动产物权采此种物权变动模式,不能说其中没有不动产管制和不动产税制等公共政策的考量。① 当然,由于公示生效主义的物权登记也仅在立法层面上引入整体法秩序的考量,作出登记决定的行政机关并无任何考虑政策实现的空间,故并未改变此处登记行为属于私法形成性行政决定的法律性质。

与基于营业自由客观法秩序的物权登记类似,婚姻登记制度也属婚姻自由这一基本权的客观法秩序之列,婚姻登记同样不仅有完善维护婚姻这一私法身份秩序的性质,其中也蕴涵了整体法秩序的考量。如,《婚姻登记条例》第6条规定,"办理结婚登记的当事人有下列情形之一的,婚姻登记机关不予登记:(一)未到法定结婚年龄的;(二)非双方自愿的;(三)一方或者双方已有配偶的;(四)属于直系血亲或者三代以内旁系血亲的;(五)患有医学上认为不应当结婚的疾病的"。其中,前三项都可以说还是在维护婚姻这一私法身份秩序本身,但最后一项显然就含有身份秩序之外的整体法秩序考量。②

不过,与公示生效主义的物权变动登记不同的是,婚姻登记行为不仅在一般生效要件的制度设计层面加入了整体法秩序的考量,而且将

---

① 参见苏永钦:《物权法定主义的再思考——从民事财产法的发展与经济观点分析》,载苏永钦:《私法自治中的经济理性》,中国人民大学出版社2004年版,第114—115页。

② 这里第三项与第四项应归于私法身份秩序还是整体法秩序,应当回归到对宪法上婚姻自由的理解。也即判断其属于宪法上婚姻自由的内容还是基于公益对婚姻自由的限制,若属后者,应当允许立法修改这两项规范。从1950年的《中华人民共和国婚姻法》开始,一夫一妻就是基本原则,无论对1954年宪法还是1982年宪法,这项基本原则都构成了对婚姻自由的前理解。至于第四项的规定,直系血亲禁止结婚不但关乎人伦,也关系到婚姻继承的整套私法秩序,原则上也应属于宪法给定的婚姻自由范畴。但旁系血亲禁止结婚的规定则确有优生学上的考量,1950年首部婚姻法与《民法典》婚姻家庭编的规定也有不同,故宜归于限制婚姻自由的整体法秩序考量。

这种整体法秩序考量的任务委以行政决定,给予行政机关判断的权利。如果从其行政决定的性质来看,其中也含有许可的因素。但与通常针对事实行为的许可不同①,由于因登记发生身份关系的结婚行为属于法律行为,因此,这里的许可的对象是法律行为,故严格来说,婚姻登记兼有一般生效要件与特别生效要件的性质②,其效果既包含自治未足的不予登记,也有自治过度的不予登记。③

(四)阻却生效要件对应的行政行为类型

与上述二者相比,阻却生效要件集中了民法学界最多的讨论,特别是关于强制性规范类型的讨论,历来是实务界与学界关心的重点。但除了比较法上偶尔言及一般行政决定是否可当作强制性规定看待之外,几乎无有与强制性规范相关的行政行为的讨论。④事实上,除了刑法中的禁止性规范,行政法上的强制性规范在司法作用于法律行为之前,很多已转化为抽象或具体行政行为,对法律行为发生作用。如果肯认国家公权力的实现存在由立法而至行政的多层体系,那么,作为强制性规范的行政法规本身也可能是对法律的具体化⑤,司法者自然不应该忽略同样以法律或行政法规为规范力来源的抽象或具体行政行为。因此,与其以规范目的、规范重心、规范领域等立法角度来考察规范本身是否属于效力性规范,不如借助已经具体化的行政行为进行

---

① 参见陈敏:《行政法》,2011年自版,第343页。
② 当然,类似的情形理论上行政行为就有选择的可能,婚姻登记因为宪法上婚姻自由的存在选择了混杂许可性质的一般生效要件,与之相较,后述的民商事的主体登记背后其实也存在营业自由这一基本权,但《行政许可法》就规定其为行政许可,不过,如果采准则主义的许可,其实两者的实质差别微乎其微。
③ 需要注意的是,《民法典》第1051条规定:"有下列情形之一的,婚姻无效:(一)重婚;(二)有禁止结婚的亲属关系;(三)未到法定婚龄。"已将疾病的情形排除在外。
④ 仅有的讨论来自建设工程实务界,作者区分行政确认与行政许可较为细致地讨论了行政行为对合同效力的影响。参见陈俊茂:《具体行政行为对民事案件的影响——以建设工程类案件为研究对象》,载《混凝土世界》2019年第12期。
⑤ 关于法规范多层体系的分析,参见章程:《从基本权理论看法律行为之阻却生效要件——一个跨法域释义学的尝试》,载《法学研究》2019年第2期。

分析，或许于司法操作更加便利。

结合上文的讨论，基于强制性规范具体化的行政活动，首先可以分为行政事实行为和行政决定两类。归于行政事实行为的，典型即如上文谈到的合同备案，若不备案会有相应罚则，但备案本身并不直接发生何种法律效果。换言之，备案仅方便行政机关进行相应的行政管制，未备案的法律行为一般不构成对公共政策实质性的悖反——否则行政活动便不会选择以备案的方式介入——所以，通常来说不至于要否定其效力。①

行政决定又可分为依申请作出的行政决定与依职权作出的行政决定。依申请作出的行政决定，以形成性行政许可为其典型，旨在回应宪法对人民自由权的保障，而依职权作出的行政决定则旨在单纯限制人民的自由权。前已叙明，绝大部分的事前行政管制都不宜被纳入特别生效要件的范畴，但是，其中的大部分却有可能落于行政许可的范畴。细分行政许可，可在人民的自由权回复之外，以是否获得公法上权利为标准，再区分出特许和其他许可。② 特许通常系于重大的公共利益，因此，未得特许而从事与之相关的法律行为，原则上应朝向无效方向作推论，我国司法解释与法院实务操作也历来如此。③ 而其他许可的情况则各有不同，按我国《行政许可法》的规定，有普通许可、认可、核准、登记四类：就其中的组织设立登记而言，一般设立中公司在

---

① 实务中经常以"黑白合同"来指称建设工程的备案合同与非备案合同，在此基础上讨论合同效力的问题。但这其中与民法制度真正相关的通谋虚伪表示是否成立、如何证明等一系列问题，并非指备案的合同才有效。

② 也有学说反对特许和许可的区别，参见翁岳生主编：《行政法》（上册），中国法制出版社2009年版，第636页（许宗力执笔）。

③ 原《最高人民法院关于适用〈中华人民共和国合同法〉若干问题的解释（一）》（法释〔1999〕19号）第10条规定："当事人超越经营范围订立合同，人民法院不因此认定合同无效。但违反国家限制经营、特许经营以及法律、行政法规禁止经营规定的除外。"但实践中有些法院对此有所突破，架空了此条司法解释，如上海市第一中级人民法院(2008)沪一中民二(民)终字第1062号判决，载《人民司法·案例》2010年第14期。

市场上交易无碍,似无必要因未登记而影响法律行为的效力评价[1];而认可是对特殊技能群体的技能认定;核准则属物的行政决定[2],因此,通常很难想象法律行为的内容会与其相抵触,发生问题以违约责任或瑕疵担保责任解决即可[3];真正最可能影响法律行为效力应该是普通许可,不过,未得治安许可、运输许可、驾驶许可的主体从事相关行为,并不必然影响到法律行为的效力,还要观诸行为内容、履行阶段等因素,判断是否需要使法律行为无效方可实现政策目的。比如,买卖未注册登记的机动车就不必以无效处之,无资质但履行完毕于公益无损者,也未必要否定法律行为的效力。[4]

最后,是单纯限制人民自由权的依职权作出的行政决定。如前文所分析,其中大多可以归于命令性行政决定,比如禁止营业的行政决定以及因义务违反而作出的行政处罚。需要注意的是,当命令性不利益行政决定与前端的行政事实行为或行政许可相连接时,直接以前端的行政决定性质判断法律行为效力即可。而如果是单纯的命令性行政决定,则要视管制目的与合同内容的对应来分情况讨论:如禁止营业,通常行为背后强制性规范的目的都不是禁止营业的内容,因此,原则上似无必要否定相关交易行为的效力[5];而若此行政决定背后强制性规范的目的在于保护合同所涉及的法益,比如两当事人缔结从事违反交通管制的合同,履行行为又确已涉及违法而获命令性行政决定,

---

[1] 企业和其他组织的登记性质首先应该是无需许可性质的私法形成性的行政决定,同样是国家为营业自由建立的客观法秩序,在此基础上再加入基于公共政策需要的许可要素。但在《行政许可法》之前,公司法学界亦有见解认为公司登记不过是行政确认,参见王远明、唐英:《公司登记效力探讨》,载《中国法学》2003年第2期。

[2] 参见陈敏:《行政法》,2011年自版,第345页。

[3] 相似的见解,参见张华:《效力性强制性规定的类型化识别》,载《人民司法·应用》2013年第23期。

[4] 参见昆明科析仪器成套有限公司与邓石桥公路货物运输合同纠纷案,昆明铁路运输中级法院(2014)昆铁中民终字第4号民事判决书。

[5] 类似营业时间的强制性规定一般被认为是纯粹外部的秩序性规定,与具体的法律行为无关,禁止营业决定应亦然。参见朱庆育:《民法总论》,北京大学出版社2016年版,第300页。

则此时应朝向法律行为无效的方向解释。①

四、行政行为依据规范的合宪合法性控制

在厘清各类影响法律行为效力的行政行为之后,另一个需要处理的关联问题,是上述各类行政行为所依据规范的合宪合法性控制。按依法行政原则,行政行为必须依法作出,行政机关在作出行政行为过程中还须遵循比例原则等行政法基本原则,但一行政行为若要对法律行为效果发生作用,还必以其所据规范的合宪性与合法性为前提。若其所据规范存在合宪性或合法性上的问题,则自始不可能对法律行为效力产生影响,只有在所据规范合宪合法的基础上,司法才需要尊重行政的专业性,考虑行政行为对法律行为的效力影响。因此,此处尚需区分不同的行政活动类型,探讨其所据规范的合宪合法性控制问题。

(一) 行政行为所依据规范的类型

依上文之分析,在一般生效要件、特别生效要件及阻却生效要件中,行政决定均可能对法律行为效力产生影响。依法律效果的区别,行政决定所依据的规范可以分为私法秩序规范与强制性行为规范两种,前者的违反只会不生私法效果,但不会使当事人因其行为遭受公法上的不利益,而后者的违反则可能使当事人遭受公法上的不利益。

对完善交易秩序的一般生效要件而言,无论其系属宣示登记这种行政确认还是设权登记这种私法形成性行政决定,其所依据者均为私法秩序规范,并无实现公共政策或引导行为的强制性行为规范的

---

① 此类强制性规定一般称为内容禁令,也即法律行为欲追求的法律效果已与法秩序相悖,无论其是否实施,均应无效之。参见朱庆育:《民法总论》,北京大学出版社2016年版,第298—299页。

性质。

与此相对,阻却生效要件中的命令性行政决定对应的,则必然是强制性行为规范。若违反行为规范为或不为特定行为,必然招致公法上的不利益评价,但却未必会发生私法上无效的法律效果。不过,依上文的分析,这里还应当区分两种情况对行政行为所据前提规范进行合宪合法性控制,在因违反特许等行政许可意旨导致法律行为无效的情形,这里所据规范应当是特许等行政许可的规定,而在其他情形,则进行合宪合法性控制的对象应当是不利益评价的命令性行政决定所据的法律规范。

同样,对于特别生效要件中的批准等行政许可而言,相关行为若未经过批准而为之,不仅私法上不生效力,在公法上也必然连接到以不利益评价为内容的命令性行政决定。此时法律行为的效力形态仅与批准这一行政许可有关,与命令性行政决定并无关系,因此需要进行合宪合法性控制的,应该只是行政许可的规定。

(二) 规范性质与合宪合法性控制

对基于强制性行为规范的命令性行政决定而言,其属于负担性行政决定,必然限制人民自由权;而对行政许可来说,即使核发许可这种行政行为属于授益行政决定,但行政许可的作出属于对于人民自由权限制的解禁,故行政许可制度的意旨总体仍在限制人民自由权以实现公益。因此,无论特别生效要件对应的行政许可还是与阻却生效要件对应的命令性行政决定或行政许可,其所据规范均应受法律保留的规范,立法亦需符合法律明确性、比例原则等形式与实体的合宪性控制的要求。当然,在依据的规范必须合宪的同时,无论命令性行政决定还是行政许可,由于均属裁量行政,故不但要符合比例原则等行政决定的一般限制,还要满足无裁量瑕疵等裁量行政的要件。[1]

---

[1] 参见杨建顺:《行政裁量的运作及其监督》,载《法学研究》2004年第1期。

反之，与一般生效要件相对应的秩序规范则并非对基本权的限制，而是保障人民自由权实现的客观法秩序。因此，理论上除非严重侵害自由权客观法秩序的"本质核心"（Wesenskern），否则原则上都还应该属于立法形成的空间。① 以物权登记制度论，《民法典》第 116 条仅规定了"物权的种类和内容，由法律规定"，但并没有限定物权的客体，因此，只要不减少《民法典》上规定的可以登记的客体，其他何种权利可因登记而物化，在立法上就应有广泛的形成空间。同时，因为扩张登记客体的立法并不会限制人民权利，因此并不需要接受法律保留原则、比例原则等原则的检验，另外，由于此种立法构筑了对所有交易主体均适用的私法秩序，故也不似一般的授益性行政决定所依据的规范一般会面临平等原则检验的问题。原则上，此类制度的建立只要符合预算保留的要求，并且不违反上位法规范，就不应限制其立法层级。② 事实上，因公示而生物权效力的一般生效要件本就非属国家立法垄断，区分所有管理规约因分散公示而发生物权效力，即非属行政登记的不动产物权公示。③ 举重以明轻，既然非属行政登记的不动产物权公示也有其私法效力，那么当然不应该排斥各级立法在财政预算认可的范围内扩张登记客体。

综上之述，以上制度的宪法定位、法律行为效力评价体系与行政决定及强制性规范的对应关系，可归纳表列如下：

---

① 参见陈新民：《宪法学释论》，2011 年自版，第 143 页。
② 需要注意的是，土地承包经营权与宅基地使用权抵押的放开虽亦属登记客体的扩张，但如果不授权试点，则会与《民法典》相冲突。因此，至今为止，土地承包经营权与宅基地使用权的抵押都是由全国人大常委会以授权试点进行的方式放开。但土地经营权本不为《民法典》等上位法规范所禁止处分，因此不一定需要以法律位阶来规定其是否可登记。
③ 我国台湾地区就将区分所有的管理规约归于"随不动产所有权移转的契约"之列，因可以分散公示查阅而具物权效力，参见谢在全等：《民法物权编修正系列研讨会之一：相邻关系与随不动产所有权移转的契约》，载《月旦法学杂志》2000 年第 9 期，第 93 页以下（温丰文发言）。

事物属性	私法秩序				整体法秩序		
宪法定位	基本权内容（客观法秩序）				基本权限制		
刑事立法					强制性行为规范		
行政立法	私法秩序规范				强制性行为规范		
行政行为	行政确认		形成性行政决定				命令性行政决定
			私法形成性行政决定		其他行政许可		
	宣示登记	设权登记 婚姻登记	批准等行政许可				
			+命令性行政决定				
法律行为	成立要件	一般生效要件		特别生效要件		阻却生效要件	

五、结　　语

如本章开篇所述，法律行为效力评价体系向来是民法学的中心议题，也是跨越公私法领域的经典议题，仅以中文法学界而论，至今为止涉此问题的论文专书恐怕就要以百千计。笔者之所以还有勇气冒着"炒冷饭"的风险来再来涉足这个议题，是因为目前无论是行政法学界还是民法学界，对这个问题的探讨还存在很多的认知错位，使得行政行为对法律行为效力作用这块最后的拼图仍旧支离破碎。

例如，行政法学者大多至今仍遵循公法秉持分配正义的逻辑，对公法渗入私法目的的理解局限于矫正市场分配，忽略了如私法形成性行政决定这种旨在完善交换正义等私法交易秩序的行政行为，使得此类行政立法与行政行为整体被行政法学界的研究边缘化。另一方面，民法学界关于公权力对法律行为效力评价的讨论，也仅集中于需批准合同和违法悖俗无效两个子议题，均就条文而论条文，完全没有从功能最适的角度考虑具体化强制性规范的行政行为，更没有看到行政行为对法律行为效力评价体系的影响其实有着从行政确认到各类形成性行政决定再到命令性行政决定这样的全面图景。换言之,行政法学界和民法学界两方都欠缺深入了解对方讨论的接口,故本章希望能够通过以上的讨论,构筑这一问题的整体分析框架,使得不同法域可以通过相互对话,增加跨法域法教义学的可操作性。①

上文一再论及,要构筑完整的分析框架,需要从宪法的高度区分自由权实现的客观法秩序与基于公益对自由权的法律限制,由此才能辨明不同的行政行为及其所据规范,将实现私法秩序的行政法制透析出来。如果离开宪法作为结构法(Constitutional Law)对公私法域的"定位"作用,又或缺少宪法作为最高法(Supreme Law)在市场经济体制下实现自由权、协调自由权之间相互冲突、自由权与公益冲突,进而统一法秩序的关照,公私法域的讨论恐怕很难找到可供嫁接的扦插口,更勿论法教义学上的价值统一。因此,本章建议的讨论切口,就是引宪法作为结构法与最高法的活水进来,将公私法域的概念各自进行再定位,以构建此问题上公私法互通的教义学体系。

八十多年前,日本公法学大师美浓部达吉就著有《公法与私法》一书,其中便已意识到了公私法域分立,也意识到了公私法接轨的必要性。八十多年后再回头来看,我国社会的公私法交融的广度与深度已远比当时的日本深刻得多,但分法域而治的教义学似乎犹若当年。写作本章不过是想说明,今日的学界如果还不有意识地从统一法秩序的角度去思考法域界面教义学的建立,那么在美浓部的问题始点上我们恐怕还不知要徘徊到何时。

---

① 参见苏永钦:《法域介面解释学》,载《法令月刊》2018年第6期。

第七章 论行政协议变更解除权*的性质与类型

一、问题的提出

伴随着《最高人民法院关于审理行政协议案件若干问题的规定》（法释〔2019〕17号，以下简称《协议解释》）的起草，行政协议的变更解除权逐渐成为学界关注的焦点。[①]《协议解释》第16条明确规定，在可能严重损害国家利益、社会公共利益的情形下，被告可以作出变更、解除协议的行政行为，同时规定，若该行为合法，法院应"判决被告予以补偿"。一如《协议解释》发布会上起草者的说明，此条的学理基础正在于行政机关的行政优益权。[②]

与此条相关，《协议解释》第25条规定，"对行政机关变更、解除行

---

* 本章曾以《论行政协议变更解除权的性质与类型》为题发表于《中外法学》2021年第2期。

① 晚近的讨论中，支持行政优益权并且援引法国行政优益权的理论与实践为行政机关的变更解除权证成的，可参陈天昊：《行政协议中的平等原则——比较法视野下民法、行政法交叉透视研究》，载《中外法学》2019年第1期；反对行政优益权，主张以民事法理及控权论统合行政机关的变更解除权的观点，可参严益州：《论行政合同上的情势变更——基于控权论立场》，载《中外法学》2019年第6期。需要注意的是，两者的观点都成文于法释〔2019〕17号施行前，并非解释论上的探讨。

② 参见《推进诚信政府法治政府建设 最高法发布审理行政协议案件司法解释》，最高人民法院网站，http://www.court.gov.cn/zixun-xiangqing-208191.html，最后访问日期：2019年3月2日。

政协议等行政行为提起诉讼的,起诉期限依照行政诉讼法及其司法解释确定"。相较于协议履行的诉讼时效参照民事法律规范确定,可以说从诉讼期间的角度体系性地强调了基于行政优益权的变更解除权与在民事合同语境下的变更解除权有所不同。

但行政机关的变更解除权并不一定仅限于以行政优益权这一法理作为基础。① 按《协议解释》第 27 条第 2 款的规定,行政机关可以参照关于民事合同的规定享有其他变更解除的权利。② 不同类型的变更解除权在"行政性"和"协议性"上各有侧重,理应适用不同的规范,而《协议解释》的相关规范却并未明确区分各种类型加以规定,一旦将来在司法实践中适用,恐怕不无疑义。一个聚讼已久的问题是,基于行政优益权的变更解除权,其构成要件为何? 与基于情势变更的变更解除权在构成要件上有何区别? 与民事合同中的变更解除权是否有共通的法理,还是自有其独立的法理?③ 若其有独立的法理,则应有何种的要件构成用以保证此种行政优益权行使的规范性和可预见性?④

除了实体法上要件构成和法律效果的可能差异之外,由于行政协

---

① 我国早期介绍法国法上的单方变更解除权之时,用的是法文直译行政特权的概念,参见王名扬:《法国行政法》,中国政法大学出版社 1988 年版,第 195—197 页。较早用行政优益权表述单方变更权的,见刘莘:《行政合同刍议》,载《中国法学》1995 年第 5 期。
② 司法实践不但认可行政机关参照民事法律享有解除权,而且认为此种解除权有优先适用性,参见(2017)最高法行申 3564 号判决书。相关评释参见郭一君、宣建新:《合同权利在行政协议中的适用》,载《人民司法》2019 年第 14 期。
③ 我国以往关于行政协议中行政优益权的讨论,参见罗豪才、湛中乐主编:《行政法学》,北京大学出版社 2016 年版,第 281 页,第 290—291 页;邢鸿飞:《行政契约》,载应松年主编:《当代中国行政法》(第 5 卷),人民出版社 2018 年版,第 1746—1749 页。但在以往的这些讨论中,论者往往只述其法理,并无明确的构成要件。
④ 实务界对行政优益权的忧心,就是在于其要件构成的不明确,让行政协议相对人缺乏最起码的预见性,难以事前避险。《协议解释》将政府与社会资本合作协议(PPP)也纳入行政协议范畴,就引起了财经界和法学界两方面很大的反弹。参见邓峰:《行政协议司法解释搅动十万亿 PPP 市场》,民主与法制网,http://www.mzyfz.com/cms/yifaxingzheng/fazhigongzuo/gongzuodongtai/html/1459/2019-12-18/content-1413686.html,最后访问日期:2020 年 3 月 2 日;贾康:《将 PPP 合同定性为"行政协议",将颠覆 PPP 的创新根基》,财经网,https://news.caijingmobile.com/article/detail/408450?source_id=40,最后访问日期:2020 年 3 月 2 日。

议兼具行政性和协议性,诉讼过程中还必须处理《协议解释》所规定的诉讼请求与参照《民法典》合同编可能提起的诉讼请求之间的协调问题。例如,参照《民法典》第565条,在一方行使解除权时,相对方可行使异议权,提起确认解除权不成立之诉,但若按《协议解释》第16条的规定,原告提起的便是撤销行政行为的形成之诉,这两者在行政协议的变更、解除诉讼中应如何界分?① 在基于行政优益权的变更、解除时,是否允许原告自由选择诉讼类型? 可以看出,基于行政优益权的变更解除权是否自有其独立的法理这一问题,不但关系到变更解除权的要件构成,也关系到诉讼类型、诉讼请求的确定、审理范围甚至判决类型等,以上一系列问题如果在理论上不能得到澄清,必将成为司法实践的乱源。

上述问题的关键,都在于厘清行政协议解除权的民事法理与行政法理,故以此作为下文的起点,探讨民事合同解除的法理可以在多大程度上解释行政协议解除权;在此基础上,分析现行司法解释下行政协议解除权的体系结构;最后,从解释论角度将行政协议解除中的协议性部分与行政性部分区同辨异,解决行政协议变更解除诉讼中诉讼类型、诉讼请求、审理范围甚至判决类型等问题。

二、行政协议变更解除权的体系构成

(一)民事合同的变更解除体系及法理基础

1. 民事合同的解除体系及法理基础

在我国的民事法律规范中,首先可以从单方行为或双方行为的角度将解除进行分类:以单方行为的方式为解除,即解除权的行使;

---

① 行政行为本身有广义狭义之分,不同定义方式会导致是否包含行政协议。本章从解释论立场出发,从《协议解释》的用语,将行政行为限于单方高权行为。

以双方行为的方式为解除,即合意解除。合意解除是以在后的合同解除在先的合同,其要件及效果与解除权行使差异甚大,故在民法理论中一般不会将合意解除放入解除权行使的理论体系一体考虑。①《协议解释》第 16 条规定的文意显然也仅限于一方行使解除权的情形。

解除权行使一般可按是否需以诉讼方式作出,分为裁判解除与非裁判解除。我国《民法典》中所规定的解除均不必经由诉讼方式为之,裁判解除仅见于《民法典》第 533 条对情势变更的规定中。② 但因司法解释规定情势变更规则适用与否必须由省高院审核决定,因此裁判解除或变更在司法实务中其实并不多见。

从解除效果的角度来看,《民法典》上规定的解除可以分为非继续性合同的解除与继续性合同的解除。相较于非继续性合同的解除,继续性合同的解除效果仅向将来发生,并无返还清算等问题,因此德国、日本和我国台湾地区皆以不同法律用语名之(Kündigung、解约告知、终止)。③ 二者项下均可根据解除权行使要件是否意定,再细分为约定解

---

① 比如日本学者就多采此种见解。与我国《合同法》将合意解除与解除权行使统一规定的立法模式不同,日本民法在解除部分仅仅规定了解除权的行使,因此从形式到实质,多数学者都主张不必在同一理论体系内探讨两者。参见〔日〕我妻荣:《債権各論(上卷)》,岩波书店 1954 年版,第 129 页;〔日〕山本敬三《民法講義 IV-1 契約》,有斐阁 2005 年版,第 152 页。

② 准确地说,情势变更的效果不完全只有法院的变更或解除,根据最高人民法院《关于当前形势下审理民商事合同纠纷案件若干问题的指导意见》(法发〔2009〕40 号)第一部分第四点,"在诉讼过程中,人民法院要积极引导当事人重新协商,改订合同;重新协商不成的,争取调解解决",指出了促进当事人之间通过再协商来改订合同的这一方向,但由于并未将再协商义务化,与比较法上的当事人再协商义务仍有差距。参见韩世远:《合同法总论》,法律出版社 2018 年版,第 507—511 页。《民法典》在此司法解释的基础上作了修改,即"合同成立后,合同的基础条件发生了当事人在订立合同时无法预见的、不属于商业风险的重大变化,继续履行合同对于当事人一方明显不公平,受不利影响的当事人可以与对方重新协商;在合理期限内协商不成的,当事人可以请求人民法院或者仲裁机构变更或者解除合同。人民法院或者仲裁机构应当结合案件的实际情况,根据公平原则变更或者解除合同。"

③ 二者进一步的区别以及在我国《民法典》中的体现,参见王文军:《论继续性合同的解除》,载《法商研究》2019 年第 2 期,第 159—169 页。从立法论的角度,王文认为继续性合同的解除还需效法德国法增加重大理由解除一项,单纯"合同目的不能实现"的法定事由无法涵盖继续性合同解除的全部情形。

除和法定解除,约定解除的要件由合同当事人合意确定①,而法定解除的要件则主要以"合同目的无法实现"为核心,分置于《民法典》第563条第1款第1至4项。②

继续性合同的解除规定散见于租赁合同(《民法典》第716条第2款)、承揽合同(《民法典》第787条)、委托合同(《民法典》第933条)等典型合同的条文中。同时,在继续性合同的各种法定解除中,还存在一种特别的任意解除权(《民法典》第787条、第933条),其无需考虑合同目的能否实现等因素,当事人可无条件解除,但需要赔偿相对人相应的损失,此一解除权在规范上可归于《民法典》第563条第1款第5项"法律规定的其他情形"之中。③④

2. 民事合同的变更体系及法理基础

民事合同解除规范基本如上所述。变更规范在我国民事立法中素有渊源,最早见于《民法通则》,为重大误解的法律效果之一,在原《合同法》中,变更扩大其适用范围,与撤销并列,共同作为欺诈、胁迫等所有意思表示瑕疵可选择的法律效果。但因《民法总则》将此制废除,因

---

① 《最高人民法院关于适用〈中华人民共和国行政诉讼法〉若干问题的解释》和《协议解释》起草者似乎对约定解除和合意解除的含义或用语也有所混淆,认为约定解除不必通过诉讼。参见梁凤云:《行政协议案件适用合同法的问题》,载《中国法律评论》2017年第1期。

② 合同法定解除的要件是"合同目的无法实现"为中心,还是也需要考虑归责事由,在民法学界本身不无争议。我国承袭《联合国国际货物销售合同公约》(CISG)的立法,特别是原《合同法》第94条第1项已将因不可抗力的解除都涵盖在内,不以相对人有归责事由为要件,此点并无疑问,但解除权人是否需要无归责事由,在民法典编纂过程中就有过激烈的争论。参见韩世远:《继续性合同的解除:违约方解除抑或重大事由解除》,载《中外法学》2020年第1期。

③ 任意解除权在不同的典型合同中,相关理论基础还各有不同。关于委托合同任意解除权理论基础的讨论,参见周江洪:《委托合同任意解除的损害赔偿》,载《法学研究》2017年第3期;崔建远、龙俊:《委托合同的任意解除权及其限制——"上海盘起诉盘起工业案"判决的评释》,载《法学研究》2008年第6期。

④ 当然,《民法典》的上述解除规定也未必是封闭系统,《民法典》第563条第1款第5项以"法律规定的其他情形"兜底,不排除特别法可以规定非合同目的无法实现的解除权。如《旅游法》第66条第1款第3项,即属此种情形,旅游者有违反社会公德的行为未必会造成合同目的无法实现,但《旅游法》通过这种对旅行社解除权的赋予,显然是希望借助私法的手段实现一定的公益目的。

此目前变更规则已不见于民事一般法律之中。[①] 承上所述,目前仅有上文提及的《民法典》在第 533 条中将变更与解除并列,作为情势变更的法律效果,且二者均须以裁判为之。

在民事一般法之外,《旅游法》《电子商务法》等特别民法[②],分别赋予了旅行社和电子商务平台以单方变更权,背后法理也各有不同。前者主要在于旅行过程中情况多变,而旅行社作为专业人士对相关情事有更善之判断力[③];而后者则在于一方面平台服务渐趋格式化、规则化,另一方面网络交易变化又相对迅速,使得——协商的变更成本过高,不合业界习惯与经济效率考量。[④] 但无论何者,一般都认为其在变更原因是否可预见等方面与情势变更不同,属于特别合同的变更权,故而尚无法一般法化。与此相应,在赋予一方单方变更权的同时,《旅游法》与《电子商务法》也均赋予另一方以解除合同退出交易的权利,以免私法自治因单方变更权的行使遭受过大威胁。当然,对于行政协议而言,即使按《协议解释》第 27 条参照适用民事规范,理论上也应无可能涉及这两种特殊的变更权。

此外还需要注意的是,在委托合同、承揽合同、运输合同等服务合同中,委托人、定作人、托运人等接受服务一方在服务提供范围内尚有指示的权限。此种指示也可能会变动既定的债务内容,若因指示增加

---

① 我国法上变更制度的梳理,参见聂卫锋:《〈民法总则〉变更权之殇——兼论中国法律发展的自主性问题》,载《法学家》2018 年第 6 期。

② 《旅游法》第 67 条规定:"因不可抗力或者旅行社、履行辅助人已尽合理注意义务仍不能避免的事件,影响旅游行程的,按照下列情形处理:(一)合同不能继续履行的,旅行社和旅游者均可以解除合同。合同不能完全履行的,旅行社经向旅游者作出说明,可以在合理范围内变更合同;旅游者不同意变更的,可以解除合同。……"《电子商务法》第 34 条规定:"电子商务平台经营者修改平台服务协议和交易规则,应当在其首页显著位置公开征求意见,采取合理措施确保有关各方能够及时充分表达意见。修改内容应当至少在实施前七日予以公示。平台内经营者不接受修改内容,要求退出平台的,电子商务平台经营者不得阻止,并按照修改前的服务协议和交易规则承担相关责任。"

③ 参见吕双全:《旅游合同中单方变更权的法理构造》,载《旅游学刊》2018 年第 5 期。

④ 电子商务法起草组编著:《中华人民共和国电子商务法条文研析与适用指引》,中国法制出版社 2018 年版,第 127 页;王红霞、孙寒宁:《电子商务平台单方变更合同的法律规制——兼论〈电子商务法〉第 34 条之局限》,载《湖南大学学报(社会科学版)》2019 年第 1 期。

服务提供方损失或费用的,应当赔偿损失、支付费用。① 但此处指示的性质仅是事实行为,而变更权的行使则属法律行为,性质根本不同。在前者,服务提供方遵循的指示还是服务合同意定内容的一部分,而变更权的行使则将带来服务合同内容的改变。同时,这里的指示所带来的债务内容变动与情势变更的区别也甚为明显,情势变更涉及不可预见的缔约基础的改变,而指示则均是在原缔约基础之上为之。因此,指示与变更权行使二者不能混淆,不能因服务合同中普遍存在指示就认为服务合同中即有单方变更权。

综上所述,《民法典》中的单方解除权行使存在多种类型,因其是否为继续性合同、合同的类型、法定与否、是否需通过诉讼行使等各有不同,而变更在一般民法层面上仅有一种,兹以表列如下。

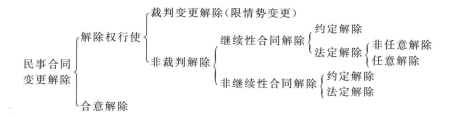

(二) 单方变更解除权的规范性质

1. 公益维护的立法原意

我国行政协议单方变更、解除权的要件规定,最早见于 2015 年颁布的《最高人民法院关于适用〈中华人民共和国行政诉讼法〉若干问题的解释》(法释〔2015〕9 号,以下简称《适用解释》)第 15 条第 3 款,"被

---

① 比如,定作人中途变更工作要求给承揽人造成损失的,应当赔偿损失(《民法典》第777 条);发包方变更计划等而造成勘察、设计费用增加的,应当增付费用(《民法典》第 805 条);承运人服务标准变更与运输价款之间的关系(《民法典》第 821 条)、托运人变更收货地点等给承运人造成损失时的赔偿(《民法典》第 829 条);委托合同中也规定了受托人应依委托人指示处理事务,但在紧急情况等特定例外情形也可以未经同意而变更指示(《民法典》第 922 条)。

告因公共利益需要或者其他法定理由单方变更、解除协议,给原告造成损失的,判决被告予以补偿",其中,单方变更、解除协议的要件被规定为"因公共利益需要或者其他法定理由"。在此之前,法院或有援引行政优益权进行判断者,但因抽象规范层面没有规定,判决结果和说理也都并不统一。①

从将变更与解除并列,明确规定补偿、因公共利益需要这些特征来看,如爬梳一下比较法,《适用解释》的这一规定并非自德国而来,而应是有着法国制度中行政优益权的深刻影响。② 但除"公共利益需要"之外,此条还规定了"其他法定理由",参考起草机关的释义书,"其他法定理由"包括法律、法规、规章的修改或废止,或者政策重大调整等情形。然而,在释义书举以为例的《上海市城市基础设施特许经营管理办法》的相关条文中,仍明文规定了"公共利益需要"。换言之,"其他法定事由"本质上还是其他法定的公共利益。因此,此处的"公共利益需要或者其他法定事由",或者前后均指"法定公共利益",或者前半段的"公共利益需要"本就不限于法定,以与后半段需要"其他法定事由"的公共利益相对应,若果真如此,则仅规定"公共利益需要"即可。不论是哪种理解,都存在文字逻辑上的问题。③ 由此可知,《适用解释》的

---

① 《适用解释》之前相关裁判立场的整理,参见沈广明:《行政协议单方变更或解除权行使条件的司法认定》,载《行政法学研究》2018年第3期。

② 早期我国学者的介绍常不区分两国关于解除、变更的差别,如杜承铭、徐凤霞:《关于行政合同单方变更与解除》,载《武汉大学学报(哲学社会科学版)》2008年第6期。事实上,德国《行政程序法》仅有解除,未有变更的规定,且并未明文规定补偿,但学说认为应当补偿。参见许宗力:《行政契约法概要》,载翁岳生主持:《行政程序法之研究》,台湾地区经联会1990年版。关于行政协议法德制度内容的基本区别,参见陈淳文:《论行政契约上之单方变更权——以德、法法制比较为中心》,载《台大法学论丛》第34卷第2期。

③ 也有学者指出,这里存在另外一种解释方法,也即此处"其他法定理由"当作为引致规范,用以将民法上的变更、解除规范引入行政协议。但如若是引致规范,按民法学理,变更、解除权人不需要对相对人为补偿——即使是在民法较为特殊的任意解除权情形中,解除权人对相对人作出的也是赔偿而非补偿。而且,按照《适用解释》第14条的规定,法院此时完全可以直接适用民事规范,无需再通过这里的法定事由来引致,因此,"其他法定理由"在理论上很难作为引致规范而成立。引致规范的主张参见沈广明:《行政协议单方变更或解除权行使条件的司法认定》,载《行政法学研究》2018年第3期。

明文规定虽为行政机关的单方变更解除权提供了条文依据,但"公共利益需要或者其他法定事由"这一表述本身却制造了诸多混乱。①

不知是否因此之故,在《协议解释》中,舍弃了"其他法定理由"的表述,而重新规定为"可能出现严重损害国家利益、社会公共利益的情形"②,如此,在文意上就将基于行政优益权的变更、解除权单纯化,明确限定于涉及公共利益的情形方可行使。

2. 与情势变更作为不同模式

对比民事合同的解除体系,行政协议的变更、解除均系单方行为,而与合意解除无关,那么,此种变更或解除与民事合同的解除权规范之间究竟存在何种关系?

起草机关在发布该解释时,明确指出此处的法理基础就在行政优益权,但并未说明其与民事法理之间的差异。就学理来看,有学者认为单方变更解除权的法理基础在于情势变更与公共利益两方面③,有学者则从否定行政优益权特殊性的角度,认为行政机关所行使的单方变更、解除权实际上应属情势变更法理辐射的范围。④ 换言之,公益需要可以为情势变更所涵盖,仅因现行法下行政机关无法作为原告,才需要将此种权利变为可以不经诉讼而行使。但此处最不容忽视的一点是,若依民法上的情势变更法理,在变更或解除行政协议之后,绝不会发生对相对人进行补偿的情形。而即使是行使委托合同、承揽合同等项下的任意解除权,解除权人对相对人所作的也是赔偿而非补偿。⑤

此中之理显而易见,情势变更的原因在双方在缔约时不可预见,而

---

① 江必新、梁凤云:《最高人民法院新行政诉讼法司法解释理解与适用》,中国法制出版社 2015 年版,第 162—163 页。
② 就条文来看,这一表述与德国行政程序法的"为防止或除去对公益之重大危害"相似,与《适用解释》的"因公共利益需要"相比,《协议解释》文意上似乎更为强调消极防止危及公益的层面,而对积极实现公益则未有着墨。
③ 韩宁:《行政协议行为司法审查规则研究》,载《浙江学刊》2018 年第 3 期。
④ 严益州:《论行政合同上的情势变更——基于控权论立场》,载《中外法学》2019 年第 6 期。
⑤ 我国民法上补偿的不同类型整理,参见王轶:《作为债之独立类型的法定补偿义务》,载《法学研究》2014 年第 2 期。

情势变更本身也不可归责于双方,此时若让无可归责性的当事人一方赔偿,不符合损害赔偿法的基本归责原理。① 退一步讲,即便不考虑归责事由,让行政机关作出补偿至少应符合因果关系的要求,也就是相对人的损失由行政机关的行为造成,否则岂非行政机关在任何情形下,只要变更解除——包括因相对人违约而法定解除、约定解除等情形——行政机关均需补偿?

与此相对,在基于行政优益权的单方变更解除权的情形下,公益需要的变化未必是不可预见的。相反,在很多情况下,公益需要将会不断变化这一前提本就为行政协议当事人双方所明确认知。进而言之,公益需要本身即使有可能归责于行政机关,也不妨碍行政机关基于公益需要作出单方的解除变更。比如,行政机关与相对人签订行政协议后,又在自身的权限范围内起草或修改行政规范性文件,导致公益需要改变,此种情况虽因可归责于行政机关自身,在理论上恐难纳入情势变更的范畴,但并不妨碍行政机关行使行政优益权进行变更解除。

在"刘树清诉贵州省铜仁市碧江区人民政府案"中,最高人民法院认为铜仁市政府重新制定了市域城镇体系规划和城市总体规划,导致被告碧江区政府无法履行《房屋搬迁补偿安置协议书》,因此碧江区政府可以主张情势变更。② 如果把案情稍加改变,制定或修改该规范性文件的主体就是被告碧江区政府,则此时碧江区政府作为行政协议当事人,就不符合情势变更中不可归责性的要求,因此不得主张情势变更。但如果基于公共利益,碧江区政府制定或修改该规范性文件本身确有需要,难道就因为其同时是行政协议的当事人,原告就可以令碧江区政府不顾此规范性文件的存在,即使有损公共利益也必须继续履行行政协议吗?这种情况下,显然应该认可行政机关有基于行政优益权的单方变更解除权——若规范上没有变更权,那么至少要似德国《行

---

① 有关情势变更的其他要件构成和法律效果,参见韩世远:《合同法总论》,法律出版社 2018 年版,第 504—507 页,第 512—516 页。
② 最高人民法院(2017)最高法行申 4590 号。

政程序法》认可行政机关有解除权来摆脱违反公共利益的合同——并给予补偿,以维护公共利益。至于被告行政机关若制定、修改行政规范性文件本身并非基于公共利益,而是为了逃避相关行政协议的义务,则应该处理的是作为前提的抽象行政行为①,不能与下一步的是否可行使行政优益权混而论之,则属当然之理。②

因此,"情势变更—无补偿"与"行政优益权—补偿"是两个模式,两者均可能连接到公共利益的需要,情势变更情形下行政机关不可预见也无可归责性,因此变更或解除行政协议,相对人或有损失也非变更解除行为所造成,因此不发生补偿或赔偿。但行政优益权即使当事人可预见或可归责仍可基于公益需要行使变更或解除权,故而相应地,对相对人因此造成的损失有补偿问题。二者都是为了公益的需要,没有谁替代谁的问题,相反,只有这两种模式相互协作,才能保证行政协议的履行过程中公共利益可以完整地实现无虞。

3. 形成之诉的功能补位

不过,区分出这两种模式,并不意味着问题就到此结束。解释论上至少还不得不去厘清,如果认为《协议解释》第 16 条采"行政优益权—补偿"模式,那么"情势变更—无补偿"的情形如何可以从相关规范中解释得出?如上所述,毕竟只有两者合璧,才能完整实现公共利益的保护。如果按照《协议解释》第 27 条的规定,行政机关参照民事合同中情势变更的规范需要提起诉讼,但按我国《行政诉讼法》第 2 条的规定,行政机关不可能作为原告提起诉讼,由此便可能造成行政协议履行中公益保护的巨大漏洞。

---

① 刘松山:《违法行政规范性文件之责任追究》,载《法学研究》2002 年第 4 期。
② 严益州也认为此种情形不能认定为情势变更,但同时主张不应有行政优益权的存在。但是在行政协议中若不存在行政优益权,则公益在此种情形下受损,故若既不属情势变更又无行政优益权之行使,其实现就会产生救济漏洞。相反,若存在行政优益权,私益即使因行政优益权行使受损,尚有补偿这一救济手段。若为保护私益一概否定必要的公益,控权亦难免有矫枉过正之嫌。其观点参见严益州:《论行政合同上的情势变更——基于控权论立场》,载《中外法学》2019 年第 6 期。

其实，只要对《协议解释》第 16 条第 1 款"给原告造成损失的，判决被告予以补偿"进行反向解释，就可以得出"情势变更—无补偿"这一模式。也就是说，此款规定在被告因公共利益变更、解除协议时，给原告造成损失需赔偿，那么原告的损失若不可归因于变更、解除协议这一行为，就无需补偿。如此，此款的反向解释就可以涵盖所有不需补偿，但仍可基于公共利益变更解除协议的情形。但按《协议解释》第 27 条第 2 款"参照适用民事法律规范关于民事合同的相关规定"，在其他约定解除、法定解除的情形，行政机关本可参照《民法典》规范行使解除权，自不需要对此款进行反向解释。仅在上述情势变更的情形，变更解除既无法参照民事合同规范，又无法归于此款的正向文意，故而方有反向解释的必要。因而，此时可再按《协议解释》第 27 条第 2 款"参照适用民事法律规范关于民事合同的相关规定"对情势变更作要件参照①，而仅产生变更、解除但无补偿的法律效果，则可按照第 16 条第 1 款的反向解释得出。

进而言之，因行政机关无法作为原告提起诉讼而致公益缺席的情形，不仅在情势变更时存在，在行政机关因意思表示瑕疵而缔约的情形下也存在，而行政机关同样无法作为原告提起撤销合同的形成之诉。既然上述的反向解释可以将情势变更包含在内，那功能上应该也可以将行政机关撤销行政协议纳入其中，让撤销权的行使可以脱诉讼化，否则同样容易造成救济漏洞，也将纵容相对人的机会主义行为。②

---

① 法学方法上准用（我国法上采"参照适用"这一用语）本身存在多种情形，有可能构成要件与法律效果都准用，也有可能仅准用某一条的法律效果，《协议解释》第 27 条第 2 款本身是概括准用，并不限制准用的方式，自然可以视情形仅准用情势变更的构成要件。参见黄茂荣：《法学方法与现代民法》，法律出版社 2007 年版，第 174—179 页。

② 行政机关无法提起诉讼，甚至导致作为相对人的原告在民事规范中本可在诉讼外所为的解除在此也必须以诉讼方式为之，用法院判决的形式确定解除的最终效力。如《协议解释》第 17 条就规定，"原告请求解除行政协议，人民法院认为符合约定或者法定解除情形且不损害国家利益、社会公共利益和他人合法权益的，可以判决解除该协议"。是否需要有此规定，也不无疑问。因为符合约定或法定解除情形则不会存在损害国家利益等情况，否则行政协议至少在解除权这部分本身会因公序良俗或强制性规定违反而无效，解除权自然不成立。

因此，此处不妨容许行政机关以变更解除之名，行撤销之实，如此也符合本条维护公共利益之需的文意。至于具体构成要件，当然也应参照适用民事合同中撤销的要件。①② 事实上，在司法实践中，也已有法院以此为由进行判决。③

4. 行政优益权行使的要件与效果

另一方面，对行政优益权的质疑仍然存在。变更解除权的构成要件和法律效果都是被质疑的对象：作为要件的公共利益如何界定？作为效果的补偿而非赔偿，对相对人来说又是否足够？

要厘清这两点，就不得不回溯这一立法的历史源流。就比较法而言，我国大陆基于行政优益权的变更、解除权从表述上看与我国台湾地区"行政程序法"第146条第1款的规定最为相似，而我国台湾地区的此项立法可以说是混成德法。④ 德国《行政程序法》第60条仅规定了"为防止或除去对公益之重大危害"而解除合同，换言之，也就是无法正向地为公益需要而去变更合同，同时，德国法此条中解除的用语是Kündigung，对应于我国的语境，也就是限于仅对未来生效的继续性合同的解除。⑤ 我国台湾地区"行政程序法"第146条第1款虽效法法

---

① 此处或有观点认为，由于行政机关本身就是为了公共利益而签订行政协议，在诸如相对人欺诈、胁迫行政机关导致其签订违反公共利益的协议，法院可以直接依《协议解释》第12条第2款"人民法院可以适用民事法律规范确认行政协议无效"，参照适用《民法典》第153条，确认协议因违反公序良俗或强制性规定无效。换言之，真正需要用《协议解释》第16条第1款反向解释的，只有重大误解。但需要注意的是，即使是无效之诉也需要有人提起，法院才能应诉而判，但行政机关在此同样无法提起无效之诉，因此这里仍然是公益保护漏洞。

② 当然，行政机关尽管可以以变更解除之名，行撤销之实，但仍然因为此处法律效果来自《协议解释》第16条第1款的反向解释，所以无法请求信赖利益的损害赔偿。此一漏洞与针对行政机关的侵权行为无法请求损害赔偿一样，在目前《行政诉讼法》架构下似无填补之法。

③ 广东省高级人民法院2018年度行政诉讼十大典型案例之七：郑某强诉紫金县紫城镇人民政府行政协议纠纷，中国法院网，https://www.chinacourt.org/article/detail/2019/09/id/4483381.shtml，最后访问日期：2020年3月2日。

④ 对台湾地区"行政程序法"第146条第1款的母法分析，参林明锵：《行政契约法论》，载《台大法学论丛》第42卷第1期。

⑤ 陈敏：《行政法》，2011年自版，第596页。

国,规定了变更、解除权,但"为防止或除去对公益之重大危害"的用语仍从德国,解除的表述所使用的也仍是专用于继续性合同的"终止"。另外,即使是完全袭自德国《行政程序法》第 60 条第 1 款前段的我国台湾地区"行政程序法"第 147 条第 1 款规定的情势变更,也是仅限于继续性合同的变更(Anpassung)或解除(Kündigung)。换言之,无论是仿照民法情势变更而来的变更解除权还是情势变更之外基于行政优益权的变更或解除权,从比较法源流来看都非常清楚地限于继续性合同。①

当然,正如已有台湾地区学者指出的一样,德法行政协议的理念与范围都相当不同。德国普遍肯定行政协议与公权力行使相关,且通说认为法无明文禁止,行政主体即有手段选择的自由,但公权力的行使本多属于行政决定的做成,故相关事务并不具有继续性,不会因改由合同形式为之而变得有继续性。而依公权力行使的标准,涉及公共服务的继续性合同反不在行政协议之列。② 所以按德国《行政程序法》第 60 条第 1 款解除仅适用于继续性合同的意旨,多数情况下非继续性行政合同并无单方解除权的行使空间。但法国通说认为原则上只要有一方缔约人是公法人,且协议涉及公共服务事项或含有公权力性质的普通法外条款时,即属行政协议。而且,事实上在法国行政协议主要

---

① 陈敏:《行政法》,2011 年自版,第 597 页。在此还要说明的一点是,德国《行政程序法》和台湾地区"行政程序法"在立法之时,其民法典中均尚未有情势变更的规定,情势变更其时在民法中尚处于判例法理,因此两部行政程序法均并未采准用民法的法技术。另一方面,德国和我国台湾地区在修法后,情势变更规定虽然和我国大陆一样于继续性合同或非继续性合同均有适用,但德国民法规定情势变更的第 313 条第 3 款在用语上仍特意用不同句区分了继续性合同的解除(终止)与非继续性合同的解除,而我国台湾地区规定情势变更的第 227 条之 2 的条文上则只有变更、并无解除的效果。因此,就我国大陆而言,《协议解释》中概括准用的第 27 条第 2 款虽然能够解决行政协议的情势变更,但会不会和基于行政优益权的变更解除权一样,因为准用民事规范而让所有继续性非继续性的行政协议均能情势变更,不无疑问。

② 德国通说认为地方自治团体与私人签订的供水供电供气合同属于私法合同,参见许宗力:《双方行政行为——以非正式协商、协定与行政契约为中心》,载《新世纪法制之建构与挑战——廖义男教授六秩祝寿论文集》,元照出版公司 2002 年版,第 279 页。

限于四种继续性合同:公共工程承揽合同、公共服务委托经营合同、公用公产占用合同及公法上的雇佣合同。但是由于民法的雇佣合同中,行政机关也可以指挥受雇人,并不需要借助行政法上特别的单方变更解除权,因此原则上在法国单方变更解除权都是在公共工程承揽合同和公共服务委托经营合同之中。①

综上可知,从母法源流来看,基于行政优益权的变更解除权对应的是提供公共服务的继续性行政协议,并非可以适用于所有行政协议。只不过刚好因为我国在法律术语上一向不区分继续性合同的解除与非继续性合同的解除,最后才在文意上导致所有行政协议都可单方变更解除的"假象"。换言之,除非有特别的理由可以反驳上述立法源流的法理,否则我国行政协议中行政优益权的行使范围也应限缩至提供公共服务的继续性行政协议。②

顺着行政机关以行政协议组织公共服务的逻辑,即使在继续性协议中,根据法国行政协议的相关法理,不仅变更本身必须以公共服务存在新状况为前提,基于公共利益需要变更的对象也只能限于公共服务组织条款,而不得碰触价格等经济性条款,且财政需要并不在公共利益需要之列。③ 正是由于爬梳立法源流,变更解除权应仅适用于继续性合同,而财政需要又并非可以变更解除的理由,所以学者对于在国有土地使用权出让合同此类非继续性行政协议中形式变更解除权

---

① 陈淳文:《论行政契约上之单方变更权——以德、法法制比较为中心》,载《台大法学论丛》第34卷第2期。

② 从起草过程来看,《协议解释》的起草者似乎并没有清晰地意识到法国的变更解除权与行政协议是否具有公共服务性的关系。因为虽然在《协议解释》最终的版本中第1条的定义条款是"行政机关为了实现行政管理或者公共服务目标",但是在笔者所见的第十八稿草案中的表述却仅为"为了实现行政管理",只在第2条的行政协议种类中规定了"政府购买公共服务协议",终定版显然将行政协议的范围拓得更宽,但变更解除权的规定并无改变。

③ 陈淳文:《论行政契约上之单方变更权——以德、法法制比较为中心》,载《台大法学论丛》第34卷第2期;陈天昊:《行政协议中的平等原则——比较法视野下民法、行政法交叉透视研究》,载《中外法学》2019年第1期。

的担心,从法理上看本就不必存在,故以此为由对行政优益权的种种质疑,也自然不能成立。①

除此之外,作为单方变更解除权的效果,行政机关必须对相对人进行全额补偿,补偿范围包括直接损失及预期收入损失,以重建行政协议的"经济平衡"。由此可见,无论是变更还是解除,补偿与赔偿的唯一不同仅在于,前者出于合法行为,行政机关行使行政优益权的范围是限定的,而且相应的补偿也并不会导致相对人救济不足。②

5. 行政协议变更解除权的体系

综上所述,《协议解释》第 16 条第 1 款可以解释出三种单方变更、解除的情形:第一种情形是按立法源流,将其解释为基于行政优益权的变更、解除,此时适用范围仅限于继续性合同,相应地需要对相对人的损失进行全额补偿;第二种情形是基于对第 16 条第 1 款的反向解释,并按第 27 条第 2 款参照适用情势变更的要件,将基于情势变更的变更、解除纳入此条,此时变更、解除不会造成相对人损失,因此也无需补偿;第三种情形需要同时反向解释第 16 条第 1 款并结合第 27 条第 2 款参照适用意思表示瑕疵的要件,将基于意思表示瑕疵的撤销解释进此条,此时行政机关作为解除权人同样不会造成相对人损失。后两种情形本分属民事合同解除与撤销的法理,但因情势变更与撤销在民事合同中仅能通过形成之诉来行使,而行政机关无法作为原告提起

---

① 实践中已存在这样错用的案例,如海南省高级人民法院(2016)琼行终 442 号,也引发了学者的质疑,参见崔建远:《行政合同族的边界及其确定根据》,载《环球法律评论》2017 年第 4 期,第 29 页。当然,按《协议解释》,国有土地使用权出让合同并未明文规定在内,其本身是否行政协议也并非没有争议的空间。

② 陈淳文:《论行政契约上之单方变更权——以德、法法制比较为中心》,载《台大法学论丛》第 34 卷第 2 期;陈天昊:《行政协议中的平等原则——比较法视野下民法、行政法交叉透视研究》,载《中外法学》2019 年第 1 期。两位作者在介绍法国制度时,皆着意强调"完整补偿",陈天昊甚至直接摒弃中文世界习惯的合法行为补偿的用法,而用了全额赔偿的概念来强调此处补偿的本质与其他合法行政行为补偿的不同。

诉讼请求,故以变形方式解释于第 16 条第 1 款文意之下。①

除此以外,行政协议原本也可按照《协议解释》第 27 条第 2 款,脱离第 16 条第 1 款直接参照适用民事合同的规范,因此民事合同中的无需通过诉讼来行使的解除权,行政机关也可行使。

综上所述,与民事合同解除体系不同,行政协议的解除体系可表列如下:

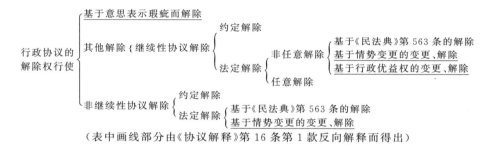

(表中画线部分由《协议解释》第 16 条第 1 款反向解释而得出)

三、变更解除的诉讼类型与规范适用

(一) 两种诉讼的区分与融合

行政协议虽被纳入行政诉讼的审理范围,但本质上具有行政性和协议性的双重属性。就其行政性部分,也即其中的行政行为而言,原则上应以行政诉讼法理审理之,而就协议性部分而言,则原则上应以民事诉讼法理审理之。

按照行政诉讼的法理,无论原告诉讼请求为何,法院需对行政行为

---

① 当然,对于情势变更和意思表示瑕疵这两种情况下的制度漏洞填补,还有另一种可能是适用《协议解释》第 24 条第 2 款的规定:"法律、行政法规规定行政机关对行政协议享有监督协议履行的职权,公民、法人或者其他组织未按照约定履行义务,经催告后不履行,行政机关可以依法作出处理决定。"让行政机关直接作出行政行为以实现变更、解除或者撤销的效果,但此处监督权仍需法律、行政法规的规定,于公益保护未尽完全。

的合法性进行全面审查,这也正是《协议解释》第 11 条第 1 款的规范意旨。而按照民事诉讼法理,除却法律行为无效等涉及公共利益的特别情形法院可以依职权主动审理外,通常法院仅能在当事人诉讼请求的范围内审理案件并作出相应判决。① 因此,《协议解释》第 11 条第 2 款的规定,"原告认为被告未依法或者未按照约定履行行政协议的,人民法院应当针对其诉讼请求,对被告是否具有相应义务或者履行相应义务等进行审查",可以看作是与《协议解释》第 9 条第 2 项诉讼请求相对应的例示性规定,事实上,原告提出任何第 9 条第 7 项"有关行政协议的订立、履行、变更、终止等"与行政行为合法性无关的诉讼请求,本质上都可认为是民事诉讼,法院对于此部分通常只能依诉讼请求进行审理并作出判决。

因此,在行政诉讼中,若原告的诉讼请求仅涉及行政行为合法性,也即行政性部分,则法院不应审理或判决协议性部分;而若原告诉讼请求仅涉及协议性部分,则法院除应依职权审查行政行为合法性和协议是否因违反公序良俗无效之外,仅能依诉讼请求审查并作出判决;若原告诉讼请求兼涉行政性和协议性部分,也要分清两者,对前者应全面审查,对后者仅能依诉讼请求为之。

从这个角度来看,《协议解释》第 9 条的各项诉讼请求中,有些是单纯涉及协议性的诉讼请求,如第 5 项"请求判决撤销、解除行政协议",有些显然归于单纯涉及行政合法性的诉讼请求,如第 1 项"请求判决撤销行政机关变更、解除行政协议的行政行为,或者确认该行政行为违法"。但是也有一些诉讼请求的性质并不明确,如第 3 项"请求判决确认行政协议的效力"。若相对人提起确认行政协议无效之诉,则需要进一步确定起诉无效的原因:如果产生争议的是行政行为的效力,那么无论是关于哪一点的合法性,法院都应对行政行为的合法性进行全面审查;如果产生争议的是行政协议是否因未获同意权人同意而无效,那么法院只能依诉讼请求为审判和裁判,其本质上与民事诉讼请

---

① 张卫平:《民事诉讼法》,法律出版社 2019 年版,第 48 页。

求无异,若按民事诉讼法理,由于确认有效的诉讼请求是没有确认利益的[①],因此只可能存在确认无效的请求与判决。前者为形成之诉,后者为确认之诉,第 9 条第 3 项不区分行政行为与合意两者,将民行两种不同的诉讼请求混杂在一起,恐怕将来会导致诉不应审、审不应判的难题。为了解决这个问题,就必须从两种诉讼区分与融合的角度,对《协议解释》第 9 条的各项诉讼请求进行重新整理。

(二)变更解除的诉讼类型

1. 两种不同的诉讼类型

以上诉讼请求混合的问题,在变更解除诉讼中固然不存在,第 9 条第 1 项规定的"请求判决撤销行政机关变更、解除行政协议的行政行为,或者确认该行政行为违法"显然只是争议行政行为的合法性。但问题在于,若按《协议解释》第 27 条第 2 款参照原《合同法》第 96 条(《民法典》第 565 条),则原告对解除有异议的,也可以提起确认之诉确认解除权是否成立,这其中任一诉讼请求成立,行政机关的变更解除即失其效力。[②] 也就是说,这里依行政协议的行政性与协议性发生的两个诉讼请求,有可能产生竞合。对当事人和法院而言,此处竞合就会产生一系列的问题:这两个诉讼请求关系如何,是否可以同时提起?若当事人仅提起其中一个诉讼请求,法院应当如何确定审理范围?相应地,法院应该作出如何的判决?诉讼期间到底应从行政诉讼的起诉期限还是民事诉讼的诉讼时效?

欲解决这一系列的问题,首先还是要回到上文整理的行政协议解除权体系。事实上,真正异于民事合同解除权为行政机关所特有的,只有基于行政优益权的变更解除权一种,其余本质上均为民事合同本

---

① 关于确认之诉中确认利益的讨论,参见曹志勋:《论我国法上确认之诉的认定》,载《法学》2018 年第 11 期。

② 关于合同解除异议权的性质争议与定性,参见贺剑:《合同解除异议制度研究》,载《中外法学》2013 年第 3 期。

有之制度,不论法定或是意定,解除权都可以解释为当事人合意。①而无论是何种解除或变更的行为,均由行政机关依法作出,因此行政机关作出的解除变更也属于行政行为。但如果将变更解除权区分成立和行使两个层面,就可以看到,基于行政优益权的变更解除权不但需要在成立要件上符合合法性要求,在行使上也有其合法性要求。而与此相对,比照民事合同而来的其他解除权在成立要件上仅有合约性而无合法性问题,合法性审查仅应及于解除权行使这一行政行为。

由上可推知,原告对于行政机关的任何变更解除权的行使都可提起撤销这一行政行为的形成之诉。但在对基于行政优益权的解除变更行为提起诉讼时,法院要对解除权的成立和行使均进行合法性审查,而若原告是对非基于行政优益权的解除变更行为提起诉讼,则法院的合法性审查仅限于解除权的行使,不及于解除权的成立。解除权成立与否本质上是协议性而非行政性问题,原告有异议的,仍然需要提出确认合同关系存在的积极确认之诉。②

2. 诉讼类型的竞合与统合

在此基础上,就可以对上述一系列问题逐一进行分析。

首先,原告是否可以同时提起撤销变更解除行为之诉和合同关系存在的确认之诉?在此,需要区分三种情况进行讨论。第一种情况,基于行政优益权的变更解除的情形,变更解除权属于行政机关的特权,因此其是否成立并不能参照适用《民法典》第565条,原告仅能提起撤销变更解除行为之诉,法官需对行政行为的合法性进行全面审查。第二种情况,基于一般性的约定解除、法定解除的情形,解除权的成立只关乎合约性问题,与行政行为合法性无关,此时若行政机关行

---

① 法定意定的多重含义,参见苏永钦:《私法自治中的国家强制》,载氏著:《走入新世纪的私法自治》,元照出版公司2002年版,第17—18页。

② 从变更解除权成立和行使的角度来说,行政行为的部分应该对其"控权",而协议性的部分则应该尊重双方合意,这两部分的区分很明显。严益州主张把对行政行为的"控权"理论用于本质属于合意部分的解除权成立的控制上,将会导致两种法理的混同,最终导致对相对人的过度保护,其本质可能是过度的父权主义对协议自由的侵蚀,见严益州:《论行政合同上的情势变更——基于控权论立场》,载《中外法学》2019年第6期。

使解除权,自然应参照适用《民法典》第 565 条以使原告能通过确认之诉最终确认解除效力。同时,如果对解除权行使过程中是否符合法定程序等合法性问题有争议,原告当然也可以提起撤销行政行为的形成之诉。换言之,在这种情况下,两个诉讼请求可以同时提出。第三种情况,基于意思表示瑕疵解除、基于情势变更解除的情形,此时在民事规范中,前者本属撤销的形成诉权,后者亦属于变更解除的形成诉权,本为诉讼所及,相对人自无提起确认之诉的必要。但若依《协议解释》第 16 条第 1 款反向解释将此二项制度纳于行政机关变更解除权项下,则也应参照适用《民法典》第 565 条,让原告能通过确认之诉最终确认解除效力。与第二种情况相同,这种情况下两个诉讼请求也可以同时提出。

其次是诉讼的期间限制问题。按《协议解释》第 25 条的规定,"公民、法人或者其他组织对行政机关不依法履行、未按照约定履行行政协议提起诉讼的,诉讼时效参照民事法律规范确定;对行政机关变更、解除行政协议等行政行为提起诉讼的,起诉期限依照行政诉讼法及其司法解释确定"。从中可以看出,前者属于行政协议中协议性的部分,后者则属于行政性的部分,因此各由其性质适用相应的期间限制规定。如果严格以此标准作两分,那么在变更解除诉讼中,原告若提起撤销变更解除的行政行为之诉,无论此变更解除是否基于行政优益权的行使,均应从行政诉讼法的起诉期限;但若原告提的是合同关系存在与否的确认之诉,则应从民事法律确定。确认之诉因不涉及请求权行使,故本无诉讼时效,但为迅速安定法律关系,按原《最高人民法院关于适用〈中华人民共和国合同法〉若干问题的解释(二)》(法释〔2009〕5 号,以下简称原《合同法解释二》)第 24 条的规定,异议权人必须在三个月内起诉。① 也就是说,如果严格区分行政协议的协议性部分和行政性部分,即使是行政机关变更、解除行政协议,也应区分当事

---

① 但《民法典》及其司法解释目前尚未对异议期间作出明确规定。

人的诉讼请求,并非完全适用行政诉讼法的起诉期限。①需要说明的是,起诉期限与异议期间的差异,不仅是期间长短的问题,而且也会影响到法院的裁判是以判决或裁定的形式作出。按《最高人民法院关于适用〈中华人民共和国行政诉讼法〉的解释》(法释〔2018〕1号)的规定,若已立案但超过起诉期限应裁定驳回起诉,可见起诉期限是程序性问题,而按原《合同法解释二》第24条的规定,"不予支持"的表述显然说明异议期间是实体问题,若超过异议期间法院应判决驳回诉讼请求。②

一旦进入诉讼,随之而来的便是审理范围的问题。在基于行政优益权的变更解除的情形之下,原告即使仅提出撤销变更解除权行使这一行政行为的形成之诉,法院也应当对行政协议订立、履行、变更、解除中行政行为的合法性问题进行全面审查。同样,在其他解除权行使的情形中,原告若提出撤销变更解除这一行政行为的形成之诉,法院仍应对行政机关行政行为的合法性问题进行全面审查。但是如果在上述后两种情形下,原告仅提出的是确认之诉——此时无论是否提起撤销行政行为的形成之诉——法院均要对行政行为的合法性问题进行全面审查,同时针对原告的确认之诉,对合同关系是否存在参照民事规范进行审理。

与此相伴的还有诉讼法适用的问题。《协议解释》第27条第1款

---

① 当然,此处在解释上的一个障碍是《协议解释》第25条前段并没有"等"字,也就是在文意上是限定列举,因此,是否有解释空间不无疑问。但是同样这一条的后段也没有"等"字,如果对前段和后段均进行严格的文意解释,诉讼中必然存在有些诉讼请求均不能被纳入前后段文意的真空地带。故本章还是采前段分别是协议性与行政性的理解。

② 当然,对起诉期间的性质并不是没有立法论上的质疑,参见张弘:《行政诉讼起诉期限研究》,载《法学》2004年第2期。从我国的行政诉讼法起源于民事诉讼法的历史来看,无论是哪种诉讼类型,行政诉讼起诉期间至今被认为是程序问题,而民事诉讼已分别请求权诉讼时效、形成权除斥期间等进行实体层面规定,应该是历史错位。时至今日,民事诉讼中仅有《民事诉讼法》第124条仍有起诉期限的规定:"(六)依照法律规定,在一定期限内不得起诉的案件,在不得起诉的期限内起诉的,不予受理;(七)判决不准离婚和调解和好的离婚案件,判决、调解维持收养关系的案件,没有新情况、新理由,原告在六个月内又起诉的,不予受理。"但"不予受理"的表述表明其也完全是程序问题。

规定,"人民法院审理行政协议案件,应当适用行政诉讼法的规定;行政诉讼法没有规定的,参照适用民事诉讼法的规定",此处关键的问题在于,什么是"行政诉讼法没有规定的"?《行政诉讼法》中关于诉讼参加人、证据、诉讼程序均一一有规定,因此,倘若认为后段是但书,而严格解释的话,那《民事诉讼法》几乎就没有适用的空间了。① 但如果真是不涉任何合法性、仅涉协议性的问题,这种严格解释就只是削足适履,把本来不容易搞清楚的实体关系又在诉讼中混搭在一起。因此,按与上文一致的逻辑推演,对此条比较合理的解释,是行政性的部分适用行政诉讼法,协议性的部分参照民事诉讼法。故在行政协议变更解除的情况下,基于行政优益权的变更解除均应适用行政诉讼法的规定,而其他变更解除中,如果是撤销行政行为的形成之诉,自然也应适用行政诉讼法的规定,如果是合同关系存否的确认之诉,则还是回到民事诉讼法的规定。如此方能各得其所。

最后也是最为复杂的,是判决类型与既判力的问题。通常情况下,判决内容应与诉讼请求相对应,原告若依民事规范提起确认之诉,则法院应该判其所诉,仅认定解除权是否成立,判决的既判力也仅及于此,而不能对涉及协议性的其他问题作出审理和判决。而若原告仅依行政法规范提起撤销变更解除的行政行为之诉,则法院不得对仅涉及协议性的其他问题进行审理和判决。在撤销变更解除行为之后,行政协议相当于没有变更或解除,也即恢复到原有状态。此时可先分为两种情形,第一种情形,被撤销的是非基于行政优益权的变更解除,也就是说,仅变更解除权行使本身因《行政诉讼法》第 70 条而被撤销,但是否符合变更解除的成立要件并未进行审理,换言之,此时行政机关是否有变更解除权这一基础都尚未确定,法院自然不能责令其重新作出行政行为。第二种情形,被撤销的是基于行政优益权的变更解除,此时又可以细分出两种可能。若本无公共利益需要但行政机关作出了

---

① 特别是在单方变更解除权中,从实体到程序优先适用行政法规范似乎是起草机关的一贯主张,但对为何可以优先适用,而不是区分适用,起草者似乎也语焉不详。参见梁凤云:《行政协议案件的审理和判决规则》,载《国家检察官学院学报》2015 年第 4 期。

变更解除,则法院不必责令行政机关重新作出行政行为,仅在有公共利益需要,但行政机关作出的变更解除按《行政诉讼法》第70条被判定违法或不当这一种情形下,法院可以责令行政机关重新作出行政行为。① 说到底,重作行政行为的前提,是必须存在重作的法律依据,即应该回归到《协议解释》第16条第1款的规定,因公共利益的需要行使变更解除权。其他情况下的解除变更,并无公共利益需要,自然也就没有判决重作行政行为的必要。②

以上区分,可以简表归纳如下:

权利性质	诉讼类型		可否同时提起诉讼	诉讼期间	审理范围	程序适用	判决类型/内容	
基于行政优益权的变更解除权	形成之诉		不可与确认之诉同时提起	起诉期限程序裁定	就行政行为合法性全面审查	行政诉讼法	有公益需要	可撤销并责令重新作出行政行为
							无公益需要	可撤销,不可责令重新作出行政行为
非基于行政优益权的变更解除权	解除权行使	形成之诉	可与确认之诉同时提起	起诉期限程序裁定	就行政行为合法性全面审查	行政诉讼法	可撤销,不可责令重新作出行政行为	
	解除权成立	确认之诉	可与形成之诉同时提起	异议期间实体判决	就行政行为合法性全面审查;解除权成立与否应诉讼请求审理	民事诉讼法	确认合同关系存否	

3. 给付判决何时作出

除了上述形成之诉和确认之诉外,《协议解释》第16条第3款还规

---

① 有学者从民事法理出发,认为如果行政机关没有解除权,原则上不发生解除效果,原告不需要有撤销的权利。而且解除权不成立,行政协议继续存在,当然要继续履行,故而没有必要规定重新作出行政行为。在笔者看来,这种观点恰恰是没有细致区分解除权的类型及层次,单纯将民事法理移植到行政协议的结果,与《协议解释》第16条将对行政行为的规定移植到行政协议,可以说是犯了相同的错误。参见王洪亮:《论民法典规范准用于行政协议》,载《行政管理改革》2020年第2期。

② 章剑生:《判决重作具体行政行为》,载《法学研究》1996年第6期。

定了给付判决:"被告变更、解除行政协议的行政行为违法,人民法院可以依据行政诉讼法第七十八条的规定判决被告继续履行协议、采取补救措施"。此条文本身是承袭《行政诉讼法》第78条,无可非议,但是《行政诉讼法》第78条规定的也是"可以"而非"应当"判决,在何种情况下"可以",何种情况下不必如此判决呢?

这里还是要回到两种诉讼请求的区分,"继续履行协议、采取补救措施"本属行政协议的合意性内容,故只有原告提出相应的诉讼请求,法院对实体权利义务关系进行审理之后,才能进行判决。若原告仅提出撤销行政协议,而不要求继续履行,那么,考虑到行政机关的继续履行在多数情形下仅是支付对价,并不涉及公共利益,因此,法院不能超出原告的诉讼请求作出判决。换言之,对此需原告不仅提出撤销变更解除之行政行为的诉讼请求,还需要同时有"继续履行协议、采取补救措施"的诉讼请求,法院才"可以"应其所诉进行审理和判决。否则,不审而判将违悖民事诉讼的基本法理。

四、结论:打通行政协议的任督二脉

正如《协议解释》发布之际起草机关所介绍的,《协议解释》基本将行政优益权的行使等同于单方变更解除行政协议的行政行为,着重强调此种行为"行政性"的侧面。但变更解除权本就是民事合同的既有制度,实际上在行政协议中也存在大量的"协议性"的变更解除。然而,由于《协议解释》的相关规定均以基于行政优益权的变更解除为核心设置,从诉讼请求到判决类型,均未考虑到行政协议解除权的不同类型和内部结构。

这样的安排中,应规定而未规定者导致了公益流失——行政机关在基于意思表示的撤销、基于情势变更的变更解除等方面救济无门,而应区分而未区分者则倾轧了意思自治——若司法实践中对所有的变更解除权均以现行司法解释侧重"行政性"的相关条文为据，恐怕会发生许多判非所诉、不审而判的情况。这对本欲以意思自治来实现公共利益的行政协议制度，无疑是一个双输的局面。在笔者看来，要避免此种双输的风险，就必须厘清行政协议解除权的体系。首先要对现行司法解释规范进行再解释，以填补基于意思表示的撤销、基于情势变更的变更解除的制度漏洞。其次要区分基于行政优益权的变更解除和基于协议自治的变更解除，对后者再细分解除变更权成立要件与权利行使的行政行为，并对解除变更权成立要件以民事实体法理与诉讼法理解析之。如此才能消除现行司法解释单纯强调变更解除权"行政性"的制度流弊。

事实上，"行政性"与"协议性"的纠缠贯穿《协议解释》的始终。也许因为起草机关是行政庭，司法解释在很多情况下都直接将《行政诉讼法》中的"行政行为"简单置换成"行政协议"，导致了本应平衡两者的行政协议在多数情况下均偏于"行政性"一端。如第12条第3款"行政协议无效的原因在一审法庭辩论终结前消除的，人民法院可以确认行政协议有效"这一规定，显然混淆了行政行为的效力与行政协议的效力，行政诉讼对行政行为合法性进行全面审查，而协议的内容是否有效还有其他诸多因素，因此法院最多只能判决行政行为而非行政协议有效。又如第22条，"原告以被告违约为由请求人民法院判令其承担违约责任……因被告的行为造成行政协议无效的，人民法院可以依法判决被告承担赔偿责任"，因被告行为造成协议无效所应承担的未必就是违约责任，也有可能是无效后按民事法理进行的信赖利益赔偿，如果是此种情况，还是要回到基本的民事诉讼法理中审查原告的诉讼请求，不能够不诉而判。如是种种，不一而足。

与此一结构性的大哉问相比，我国《协议解释》将行政优益权的变更解除从继续性合同扩张到所有合同，尽管也可能导致实务流弊，但在法技术上，也不过仅需做个文意限缩的小手术罢了。说到底，只有打通"行政性"与"协议性"的任督二脉，这部历经二十多稿修改出台的司法解释，才能真正地神形兼备，用恰如其分的意思自治来解决公共治理的更多问题。

第八章 行政协议诉讼类型的区分、融合与转换[*]

一、问题的所在

(一) 两类诉讼规则的交缠

历经四年时间、二十多稿的锤炼,《最高人民法院关于审理行政协议案件若干问题的规定》(法释〔2019〕17号,以下简称《协议解释》)终于在2019年年底出台,从行政协议的定义一直到最后的执行、规范适用共计29条,即使放在比较法中来看,这样的条文规模也毫不逊色于他国他域。不过条文规模胜人一等,并不必然意味着规范有着更高的密度与精度,如果细致剖析《协议解释》的条文,可以发现我国大陆行政协议的规定与德国以及主要承袭德国立法的我国台湾地区存在两项重大的区别。[①]

首要的区别,是德国和我国台湾地区对民事合同规范均采整体准

---

[*] 本章曾以《行政协议诉讼类型的区分、融合与转换》为题发表于《行政法学研究》2021年第3期。

[①] 我国大陆行政协议的规定显然有德国与法国的综合影响,比如《协议解释》第16条及第24条关于行政优益权的规定。当然,这中间可能有一部分我国台湾地区的影响,我国台湾地区关于行政契约的规定也混合继受了法国与德国,在其"行政程序法"中规定了行政优益权的相关条款。我国早期关于法国行政优益权的介绍可追溯到王名扬:《法国行政法》,中国政法大学出版社1988年版,第195—197页,当时还是用"行政特权"的法文直译。

用的法技术,仅在民事合同规范无有规定或与其相左之时,方有相应的特别规定。① 而我国的《协议解释》虽于第 27 条第 2 款规定了整体准用,但是仍在第 13 条第 1 款(需批准合同的效力)、第 14 条(意思表示瑕疵)、第 15 条(无效的效果)、第 18 条(抗辩权行使)、第 19 条(违约救济)、第 20 条(预期违约)择要规定了与民事合同相同的规范,其理何在,颇难索解。②

更重要的区别,是德国和我国台湾地区均在"行政程序法"中规定行政协议,因此都是实体规范,相应的诉讼法中并未增设特别对应规范。但我国规定却是诉讼规范与实体规范二者兼及,而且以前者为主。究其原因,还是因为《协议解释》是以《行政诉讼法》中行政协议的仅有规定为本作成的司法解释,故必然规定大量诉讼程序规范,也因为其是对诉讼法的解释,所以无法直接规定实体规范,只能勉强借由程序性规范去反推。如果说实体规范尚有比较法可以考索比较,那要规定这么多诉讼程序规范,则只有因应"行政性"与"协议性"两部分实体内容,合两大诉讼法而定之。但行政诉讼与民事诉讼从理念到技术都有很大的差异,我国以往行政诉讼均以不服公权力行使的行为诉讼(通常习惯称行为之诉,为与以下当事人诉讼概念相对应,下文均称行为诉讼)③,通常以撤销之诉为中心,对行为合法性进行全面审查,后者

---

① 情势变更的规定看似是个例外,但德国和我国台湾地区"行政程序法"立法时,其民法典中尚未有情势变更的规定,情势变更其时在民法中尚处于判例法理,因此两部"行政程序法"在此均并未采准用民法的法技术。

② 起草者有可能是强调这些情况下只能由原告起诉,法院应针对原告的诉讼请求审理和判决。但是在类似第 19 条"被告未依法履行、未按照约定履行行政协议"时,法院可以依据《行政诉讼法》第 78 条的规定,"结合"原告诉讼请求作出判决,两者之间存在不同。但是这些条文远未将原告的诉讼请求穷尽,未规定者到底是"明示其一排除其他",还是参照适用民法规范? 这就会徒增解释上的困扰。

③ 日本《行政事件诉讼法》上的抗告诉讼以撤销之诉为中心,包括无效确认之诉、违法确认之诉、课予义务之诉等,几乎涵盖我国除行政协议诉讼之外的所有类型,在我国法一般用行为之诉称之。参见〔日〕盐野宏:《行政救济法》,杨建顺译,北京大学出版社 2008 年版,第 56 页以下。

则是以给付之诉为中心的当事人诉讼①,两者一旦组合不善,很可能导致审不应诉、判不应审等种种混乱。梳理《协议解释》的相关条文,这种混乱的因子恐怕已经埋下。

举例来说,就管辖而言,民事诉讼可协议管辖,而行政诉讼原则上不会协议管辖,《协议解释》第7条完全从民事诉讼管辖之规定,但如果原告起诉的仅是行政行为的合法性,不涉及任何协议性事项,法院是否也可从其管辖的约定?若此种仅涉合法性的情况可以从其约定,那是否所有行政诉讼原则上都可协议管辖?除了管辖之外,行政协议的诉讼请求也存在两种规范的交缠,比如第9条第6项的"请求判决行政机关赔偿或补偿",这里的赔偿究竟是违约赔偿还是违法行政行为的赔偿?诉讼请求属性不明,后端的构成要件和举证责任都会跟着混乱。再往后规定的判决类型,同样存在类似问题:第16条第3款规定"被告变更、解除行政协议的行政行为违法,人民法院可以依据行政诉讼法第78条的规定判决被告继续履行协议、采取补救措施",依当事人诉讼的法理②,继续履行因会对原告加以利益故属给付判决,若原告不提起给付之诉,法院依《行政诉讼法》判决的理由何在,何以强加原告以利益?

以上问题种种,虽未及《协议解释》之全部,但已足可管窥两类诉讼规则交缠之烈。进而言之,由于我国的上述特殊背景,行政协议的实体规范也是从程序性规范推出,成之所至,败亦或随之,程序规范的组合混乱,有可能使得据以反推出的实体规范产生错乱。③

---

① 日本法为与抗告诉讼区别,对"其他公法上的权利关系的诉讼"名之以"当事人诉讼",相当于民事诉讼中的当事人主义的诉讼,行政协议诉讼多用此种诉讼类型,但并非事关行政协议诉讼的均为当事人诉讼。参见〔日〕盐野宏:《行政救济法》,杨建顺译,北京大学出版社2008年版,第173页以下。

② 参见张卫平:《民事诉讼法》,法律出版社2016年版,第39—55页。

③ 比如在《协议解释》中,第17条就改变了实体法的构成要件,将原本在民事合同中的解除权行使规定为形成之诉,并加上了不损害国家利益、社会公共利益和他人合法权益的要件。

（二）本章的论述结构

要解开这些程序规范的交缠,首先还是要从实体法角度区分出行政协议中"行政性"与"协议性"的部分。"行政性"部分主要争议公权力行使的合法性,是带有监督行政目的的行为诉讼[1],不论原告诉讼请求为何,都要对行政行为的合法性作全面审查,最后也未必要应诉而审、应审而判。[2] 而"协议性"部分则在处理双方的合意问题,完全是仅具主观诉讼性质的当事人诉讼,遵从辩论主义、处分原则,原则上要审其所诉、判其所审。因此归根到底,首先要回到对行政协议实体法律关系的分析,将上述合法性与合约性部分的区分与组合厘清。[3]

不过合法性与合约性这两个部分虽然在逻辑上可以分开,但是二者却构成行政协议的整体,无法完全分而论之。比如行政机关在其职权的裁量范围内与相对人缔约,此时行政职权的行使就成为给付的一部分,与相对人的给付构成对价关系,此时如果合法性有问题,合约性相应也会产生问题。而且,一旦争讼到法院,具体的行政协议诉讼毕竟只存在一个,不论是争议哪一部分,原告的目的与提起行政协议诉讼的可能是同一的,在此种情况下,需要在"可分"的基础上作出"应合"的处理。而"应合"的边界在哪里,这就是需要进一步厘清的内容。

除此之外,由于我国的行政诉讼法制不认可行政机关作为原告起诉或作为被告反诉,也就使得行政协议中原属行政机关的协议性权利,不得变形为行政高权行为的行使,从而也使得诉讼类型发生转换,诉、审、判的对应关系随之变形。这部分转换应遵循如何的逻辑,转换本身又边界何在,也同样需要梳理清楚。

---

[1] 行政诉讼的目的排序以及主观诉讼和客观诉讼性质之争,参见薛刚凌、杨欣:《论我国行政诉讼构造:"主观诉讼"抑或"客观诉讼"?》,载《行政法学研究》2013年第4期。

[2] 当然,行政诉讼的行为诉讼中除了赔偿也需要应原告请求而为之,参见何海波:《行政程序法》,法律出版社2016年版,第439页。

[3] 本章对合约性采广义的理解,除高权行为合法性之外,将缔约过失责任损害赔偿等都包括在内,如《协议解释》第13条第2款就可能涉及此种损害赔偿。

总而言之，只有从实体上厘清合法性和合约性二者的区分，才能以此为基础整合与转换两类诉讼规则，让行政协议诉讼中原被告不同类型的法律关系各得其所。

二、行政行为与行政协议的关系

（一）行政行为概念的立法扩张

诉讼规范因应实体法律关系而生，因此要把诉讼类型区分清楚，首要就是厘清实体法律关系中，行政协议与行政行为的对应关系。①在我国学界的用语中，行政行为的概念本身存在多义性，从最狭义的行政处分到最广义的行政作用，学者之间见解多有不同②，以下仅从实定法角度分析二者关系。

回顾行政协议的立法与司法解释，整体上显然可见行政行为概念的逐步扩张。按《行政诉讼法》第 2 条，行政诉讼以行政行为为中心展开，而何为此条所指的行政行为，具体则由受案范围的规定来厘清。在 2000 年之前，行政诉讼受案范围仅及于具体行政行为中的单方行为。③ 2000 年 3 月《最高人民法院关于执行〈中华人民共和国行政诉讼法〉若干问题的解释》第一次试图突破单方行为的限定，但审判实践

---

① 学理上不同观点的相关整理参见刘飞：《行政协议诉讼的制度构建》，载《法学研究》2019 年第 3 期。

② 杨海坤、蔡翔：《行政行为概念的考证分析和重新建构》，载《山东大学学报（哲学社会科学版）》2013 年第 1 期；陈越峰：《中国行政法（释义）学的本土生成——以"行政行为"概念为中心的考察》，载《清华法学》2015 年第 1 期。

③ 《最高人民法院关于贯彻执行〈中华人民共和国行政诉讼法〉若干问题的意见（试行）》第 1 条规定："'具体行政行为'是指国家行政机关和行政机关工作人员、法律法规授权的组织、行政机关委托的组织或者个人在行政管理活动中行使行政职权，针对特定的公民、法人或者其他组织，就特定的具体事项，作出的有关该公民、法人或者其他组织权利义务的单方行为。"

中,司法机关的审查仍然仅及于单方高权行为。① 真正的改变发生于2014年修正的《行政诉讼法》第12条第11项,"认为行政机关不依法履行、未按照约定履行或者违法变更、解除政府特许经营协议、土地房屋征收补偿协议等协议的"均为行政诉讼的受案范围,这其中的"未按照约定履行"的履约行为,已显非传统的单方高权行为可及。② 在与该法同时实施的《最高人民法院关于适用〈中华人民共和国行政诉讼法〉若干问题的解释》(法释〔2015〕9号,以下简称《适用解释》)中,第15条第2款还进一步将行政协议的效力争议纳入行政诉讼管辖范围。③

及至此次《协议解释》第4条规定,"因行政协议的订立、履行、变更、终止等发生纠纷,公民、法人或者其他组织作为原告,以行政机关为被告提起行政诉讼的,人民法院应当依法受理",司法解释才改零售为批发,明确将行政协议全面纳入行政诉讼受案范围。如果将《行政诉讼法》第2条与这些条文交与参看,可以发现第2条所指的行政行为的含义,随着行政协议纠纷受案范围的不断扩大,从单方高权行为到行政协议的履约行为,最后一直拓展到了整个行政协议下的各项行为。至此似乎可以认为,《协议解释》已经将行政协议归于行政行为的一种。

不过,《协议解释》使用"行政行为"一词却又相当谨慎,仅在第16条用以指称基于行政优益权的变更解除权的行使,而从未用以指代行政协议本身。进一步看《协议解释》第10条、第11条的表述,法院的合法性审查范围以及被告对行为合法性的举证责任及于"订立、履行、变

---

① 于立深:《通过实务发现和发展行政合同制度》,载《当代法学》2008年第6期。
② 参见江必新、梁凤云:《最高人民法院新行政诉讼法司法解释理解与适用》,中国法制出版社2015年版,第143页。
③ 参与《适用解释》起草的法官也经常在两个意义上使用行政协议(行政合同)的概念,有时将行政行为认为是行政协议的组成部分,有时又将行政协议认为是双方行政行为。参见梁凤云:《新行政诉讼法讲义》,人民法院出版社2015年版,第13—14页、第58—59页。

更、解除行政协议等行为"①,反推此处的行为至少应该具有行政行为的性质,但《协议解释》却仅称其为行为,而未以"行政行为"名之。但不管行政优益权的变更解除权,还是行政协议的履行、变更、解除,显然都只是行政协议的一部分而非其本身。因此问题就产生了:按《协议解释》,这里的"行为"与"行政行为"有何不同,到底行政协议整体是一个行政行为,还是多个行政行为的组合?行政协议与行政行为之间,究竟有如何的对应关系?

(二) 行政协议与行政行为的概念区分

1. 行政协议的部分与整体

要回答这个问题,首先可以回到行政协议在民法中的渊源,对民事合同及合同当事人的行为进行分析。在民事合同体系下,合同成立必须要有双方的意思表示,解除无论是单方的解除权行使还是合意解除,也都由意思表示组成。至于合同的履行行为是否要以意思表示为之,则端看合同之债的内容——若双方约定合同履行要以意思表示作出,比如合同约定的内容就是要一方当事人发布悬赏广告或再缔结合同,那债务人就一定要以作出意思表示的方式来履行,如果合同约定的内容只是拆除房屋,那债务人就只要为此事实行为即可。② 需要注意的是,合同中的意思表示并不一定就是法律行为,比如订立合同的要约或承诺,其中任一均非法律行为,只有双方意思表示一致后成立的合同才是法律行为。而如果在缔约过程中,表意人没有受其表示拘束的意思,那还只能算是要约邀请,性质上属于事实行为,与法律行为

---

① 《协议解释》特意在第 4 条、第 5 条、第 6 条、第 9 条用了"订立、履行、变更、终止",而在第 10 条、第 11 条却用了"订立、履行、变更、解除"的用语,用意就是区分解除是被告的行为,而终止则还包括第 14 条原告撤销的情形。

② 民事合同的履行本身甚至可以没有积极的行为,比如不作为义务的履行。关于债务履行(清偿)性质的争论,参见孙森焱:《民法债编总论》(下册),法律出版社 2006 年版,第 832—835 页。

相去甚远。① 只有在解除这种仅需一方意思表示的单方法律行为中，意思表示方才与法律行为等同。

换言之，从合同的订立、履行到解除过程中，合同一方当事人的行为可能是事实行为，也可能是单方法律行为，还可能仅仅是法律行为组成部分的意思表示，如果再把催告这种准法律行为都算上，那么合同一方当事人的行为可说形色各异。因此，所谓合同行为只是双方缔约的行为，但合同所生法律关系则是以上各行为所生法律关系的集合。

若这中间一方当事人是行政机关，双方合意构成了行政协议而非民事合同，此时相对人一方的行为性质应与民事合同中的行为性质认定无异②，但行政机关的各种行为相应地则会改变其性质。民事合同中解除等单方法律行为一旦对应到行政协议，由行政机关来作出此种发生特定法效果的单方行为，因为有可能符合行政行为的各项要件，所以可能归于行政行为之列。而原本在民事合同中尚未构成法律行为的意思表示，若在行政协议中由行政机关作出（如订立行政协议的要约或承诺）并关涉公权力行使，则也可能符合行政行为的定义，从而归于行政行为之列。③ 同理，行政协议的履行的内容若应属行政机关以意思表示为之者，该履行行为也可能归于行政行为。甚至如果事实行为中只有对外表示的存在，如招标这种要约邀请，也被归于行政行为之列。④ 只有除此之外的事实行为由行政机关履行者，该履行行为

---

① 参见韩世远：《合同法总论》，法律出版社2018年版，第118—120页。
② 《协议解释》中唯一对原告行为要件的实体性改变是第17条，要求原告解除必须"不损害国家利益、社会公共利益和他人合法权益的"。但是否需要有此规定本身也不无疑问。因为符合约定或法定解除情形，则不会存在损害国家利益等情况，否则行政协议至少在解除权这部分本身会因公序良俗或强制性规定违反而无效，解除权自然不成立。换言之，解除权的存在本身以其内容不违法悖俗为前提。
③ 有关行政协议订约权中行政职权问题的讨论，参见陈无风：《司法审查图景中行政协议主体的适格》，载《中国法学》2018年第2期。
④ 《协议解释》第5条第1项规定原告资格时，就将招标行为纳入。但招标公告在民法上一般只是个要约邀请，投标才是一种要约。参见韩世远：《合同法总论》，法律出版社2018年版，第125页。

才无疑地归于行政事实行为之列。

换言之,并非民事合同中一方当事人的法律行为,在行政协议中由行政机关作出才可能是行政行为,事实上民法上所有表意行为由行政机关作出,都可能成立行政行为。最终是否成立行政行为,还要看此行为是否涉及公权力的行使,比如若法律规定要约或协议的解除一定要行政机关的上级机关批准后才能作出,则行政机关的这些行为就涉及公权力行使,当属行政行为之列。①

除此之外,基于情势变更的变更解除以及基于意思表示瑕疵的撤销权在合同上必须提起形成之诉为之,因此类似权利的行使均非法律行为,但在行政协议中,由于行政机关不能作为原告提起诉讼,因此行政协议中并无对应制度。不过基于行政优益权,行政机关尚有不需通过诉讼行使的基于行政优益权的变更解除权,如上所述,这素来被归于单方行政行为。但同时作为强制性规范,不论当事人是否以合意将其订入行政协议,这也当然是协议的一部分。

综上所述,"订立、履行、变更、解除行政协议等行为"中的"行为"有可能但不必然是行政行为,因此《协议解释》第10条、第11条对这些行为并未直接用"行政行为"的概念表述之,而第16条的行政优益权的行使则必然是行政行为。以上民事合同及行政协议中各种行为类型及性质间的对应关系,可列简表如下②:

行为类型	行为性质	民事合同中一方行为 行政协议中原告行为	行政协议中被告 行政机关的行为
订立	要约邀请	事实行为	或属行政行为
	要约 承诺	意思表示 (非法律行为)	或属行政行为

---

① 与此相对,如果是行政机关本身内部机构作出的解除行为不能认定为行政机关的行为,这只是单纯的解除权不成立问题,是单纯的合约性问题,这与公司内部无权机关作出解除行为不能认定为公司的行为属同一性质。

② 此表在变更和解除中仅考虑法定的变更解除权,不考虑以新的合意来进行解除或变更的情形,也不考虑在协议中约定变更的情形。

(续表)

行为类型 \ 行为性质		民事合同中一方行为 / 行政协议中原告行为		行政协议中被告行政机关的行为
履行	履行内容以意思表示为之者	意思表示（或可能成立单方法律行为）		或属行政行为
	履行内容非以意思表示为之者	事实行为	表意	或属行政行为
			不表意	行政事实行为
变更		基于情势变更的形成之诉（非法律行为）		因行政机关无法作为原告起诉故无对应制度①
		因民事主体地位平等故无对应行为		行政行为（基于行政优益权的变更权行使）
终止	撤销	形成之诉（非法律行为）		因行政机关无法作为原告起诉故无对应制度
	解除	单方法律行为（行政协议中原告需提形成之诉为之）		或属行政行为
		因民事主体地位平等故无对应行为		行政行为（基于行政优益权的解除权行使）
		基于情势变更的形成之诉（非法律行为）		因行政机关无法作为原告起诉故无对应制度②

由上表可以看出，由于行政法学实务界和学界通常未如民法学界一样区分表意行为的层次与类型，而对行政法律行为采取相对宽泛定义——行使职权过程中作出的具有法律意义的行为③——导致原本在民事合同中仅属尚未构成法律行为的意思表示乃至表意行为，只要由行政机关作出即可能构成行政行为。因此，行政协议就变成因行政行

---

① 不过从《协议解释》第16条第1款"给原告造成损失的，判决被告予以补偿"的反向解释，也可能可以解释出来。也就是说，此款规定在被告因公共利益变更、解除协议时，给原告造成损失需赔偿，那么原告的损失若不可归因于变更、解除协议这一行为，就无需补偿。如此，此款的反向解释就可以涵盖所有不需补偿，但仍可基于公共利益变更解除协议的情形，自然也可以将基于情势变更的变更解除包括在内。

② 同上注。

③ 参见胡建淼：《行政法学》，法律出版社2015年版，第123—127页。江必新采取的定义"具有国家行政权的机关、组织及其工作人员，与行使国家职权有关的，对于公民、法人或者其他组织的权益产生实际影响的行为以及相应的不作为"也与此类似，参见最高人民法院行政审判庭编：《行政执法与行政审判参考》，法律出版社2000年版，第185—186页。

为（行政机关的要约或承诺）与相对人合意而成立，继而发生法律效力，而行政机关依行政协议的内容行使权利、履行义务的行为，同时又构成新的行政行为。如此推论，行政协议就应该是各种具体行政行为、行政事实行为以及相对人的意思表示、事实行为的集合体。①

因此无论实体法还是诉讼法的具体适用而言，行政协议诉讼还是需要回归到具体行为讨论。也就是说，观念上可以将行政协议整体归于一种行政行为，但是这种分类仅在拓宽行政诉讼受案范围这个问题上有意义，在具体规范适用上则无法教义学上的意义。②

2. 行政协议中的两种行政行为

正如《协议解释》第 27 条第 2 款所规定的，对于订立、履行、变更、解除（限非基于行政优益权者）行政协议等行为来说，这些行为的构成要件是否具备应参照民事合同的规范而定，而行政机关行为作出或权利行使过程中行为可能存在的合法性问题，则应视行政法规范而定。而对基于行政优益权的行使行为而言，其成立与行使均应依行政法规范受合法性审查。举例来说，如果行政协议中约定相对人有某种行为时行政机关可以行使解除权，那行政机关的解除权是否成立本身应视行政协议的合意内容而定，但是行政机关解除权行使是否有超越职权等问题，则应是合法性审查的范围。与此相对，在基于行政优益权变更解除行政协议的情形，变更解除权是否成立则无关合意内容，对公益需要的正当性法院应进行合法性审查，对解除权行使过程中是否超越职权等问题，同样要进行合法性审查。

也就是说，基于行政优益权变更解除权的行使必然是行政行为，其

---

① 相同的见解参见郭修江：《行政协议案件审理规则——对〈行政诉讼法〉及其适用解释关于行政协议案件规定的理解》，载《法律适用》2016 年第 12 期。但此文作者似乎认为非行政行为的部分不纳入行政诉讼，与本章的基本观点不同。

② 相似的见解，参见于立深：《行政契约履行争议适用〈行政诉讼法〉第 97 条之探讨》，载《中国法学》2019 年第 4 期。此外，德国没有我国以"行政行为"作为受案范围的问题，通常就用行政行为指称单方行政行为，而把行政合同和行政行为作为广义的行政活动的下位概念。参见［德］哈特穆特·毛雷尔：《行政法学总论》，高家伟译，法律出版社 2000 版，第 181—182 页。

仅需依法而为,是与行政协议中的当事人合意无关的行政行为。如果是行政机关订立、履行、变更、解除(限非基于行政优益权者)行政协议的行为①,必然存在合意的层面,有可能存在涉及行政职权的层面,因此存在评价为行政行为的可能。

三、诉讼类型的区分与整合

(一) 诉讼类型的区分

1. 诉讼标的与诉讼类型区分

通过对实体关系的分析,可以发现行政协议中包含行政行为,也包含非属行政行为的意思表示、事实行为等,这些行为以及因之而生的法律关系,一旦进入诉讼程序,对应的诉讼标的也会各不相同,适用的诉讼规则自然也就不同。而这些诉讼标的种类,远非单方行政行为诉讼的诉讼标的②(行政行为违法性)所能涵盖。按照不同的诉讼标的是否涉及行为违法性,可以区分行为诉讼和当事人诉讼两大类型。③

行政优益权的行使完全是单方高权行为,因此对其仅能提起行政行为合法性审查的行为诉讼。而若就行政机关订立、履行、变更、解除行政协议这些行为或权利产生争议,就要区分两种情况:如果就行政机关的这些行为是否依约而为这个层面产生争议(如未依约履行),那

---

① 由于行政机关基于情势变更提起变更协议之诉,因此此处的变更限于在协议中有约定变更权的情形。

② 当然,如果一行政行为存在多个违法性,诉讼标的就不止一个。参见〔日〕盐野宏:《行政救济法》,杨建顺译,北京大学出版社2008年版,第63—64页、第116页、第123页。

③ 行政诉讼之诉讼标的的区分与作用,参见吴庚、张文郁:《行政争讼法论》,2018年自版,第228—232页。

应该是审查行为合约性的当事人诉讼①;如果就行政机关的这些行为是否依法而为(如超越职权)的层面产生争议,此时则为审查行政行为合法性的行为诉讼。

当然,如果考诸比较法,在相对人订立、履行、变更、解除行政协议的行为的情形,行政机关若提起诉讼,也应该是单纯审查行为合约性的当事人诉讼。不过由于我国《行政诉讼法》对行政机关的诉权限制,为救济原本的合约性权利,无法提起当事人诉讼的行政机关只能换以高权行政行为的方式对相对人加以不利益处分,此时不服行政决定的相对人仅能以复议或诉讼的方式提出争议。因此,此处就把比较法上行政机关对相对人的当事人诉讼,转化成了相对人对行政机关的行为诉讼。

2. 诉讼类型区分的效果

(1) 诉讼请求的区分

依照以上两种诉讼类型的区分,首先是区分诉讼请求。②

对审查合约性的当事人诉讼而言,诉讼请求是审理和判决的起点,审理范围和判决方式均由诉讼请求决定。而对于审查行政行为合法性的行为诉讼而言,诉讼请求作用就没有这么大,由于行政诉讼全面合法性审查的原则,即使诉讼请求未争议行为合法性,法院依然要对行政行为中个别行政行为的合法性进行全面审查并作出相应判决。因此,两者在此必须要区分清楚。在《协议解释》第 9 条的诉讼请求中,

---

① 需要注意,无论是在日本还是在我国台湾地区,并非事关行政协议者均为当事人诉讼,而是行政协议中的给付之诉等为当事人诉讼。参见〔日〕盐野宏:《行政救济法》,杨建顺译,北京大学出版社 2008 年版,第 173 页以下。

② 德国、日本和我国台湾地区对行政协议诉讼的诉讼规则均未作出专门规定,大体区分行为诉讼和当事人诉讼分别适用行政诉讼规范和民事诉讼规范。背景原因有可能是这些国家和地区的法官培养与我国大陆不同,审理的法官在从事行政诉讼之前大体都会有民刑事审判的经验,因此比较能分别操作这两类诉讼规范(日本采一元审判体制,但部分法院有行政审判部)。我国《协议解释》独树一帜地融合了这两类诉讼规则,为行政诉讼法官提供了便利,但是也带来了诉讼规则杂糅的问题。关于大陆法系法律人与法官的培养,参见苏永钦:《谁会是比较好的法官?》,载《法令月刊》2015 年第 8 期。

除第一项明确为行为诉讼的诉讼请求,第五项明确为当事人诉讼的诉讼请求,其余五项都存在着诉讼请求与诉讼类型对应不明的问题。

第二项"请求判决行政机关依法履行或者按照行政协议约定履行义务"及第四项"请求判决行政机关依法或者按照约定订立行政协议"的区分比较简单,这两项规定的前半句争议的都是行政行为合法性的问题[①],属行为诉讼,两项规定的后半句争议的是合约性的问题,属当事人诉讼。

第三项"请求判决确认行政协议的效力",看似是单纯当事人诉讼的诉讼请求,但其实却在个别情况下可能包含行为诉讼的诉讼请求。申言之,首先此处虽规定了确认行政协议的效力,但按照当事人诉讼的法理,因为原告对行政协议有效并无确认利益[②],故理论上原告应仅能确认行政协议无效。此时,行政协议无效存在四种情形:行政协议内容因违法悖俗而无效、行政协议未获得同意权人同意而无效[③]、行政协议因缔约人行为能力欠缺而无效、订立行政协议的行政行为违法而为法院所撤销或确认无效因此行政协议归于无效(此时行政协议将由于缺少一方意思表示而溯及性地不成立)。[④] 前三种情形是当事人诉讼的诉讼请求,除内容违法无效法院可不依诉讼请求进行审理外[⑤],对第二种、第三种情形法院都必须应诉而审,同时全面审查行政协议中行政行为的合法性问题并作出判决。需要注意的是在第四种情形中,

---

① 实践中也可能将行政机关的法定义务纳入行政协议,此时若生争议,仍应属行政行为合法性问题,因为行政机关的法定义务均属强制性规范,不因是否订入协议而有所改变。

② 我国民事诉讼案由中确实存在"确认合同有效纠纷",但是这可以说在比较法中独树一帜,也为学界所批判。关于确认之诉中确认利益的讨论,参见曹志勋:《论我国法上确认之诉的认定》,载《法学》2018年第11期。

③ 民法上广义的同意包括无权代理、无权处分的追认、限制行为能力人的追认以及公权力批准等,属特别生效要件的范畴,参见苏永钦:《私法自治中的国家强制》,载苏永钦:《走入新世纪的私法自治》,中国政法大学出版社2002年版,第27—30页。

④ 从主体、内容、程序对行政协议无效的不同分类,参见王敬波:《司法认定无效行政协议的标准》,载《中国法学》2019年第3期。

⑤ 合同效力属于人民法院依职权审查的范围,不受当事人诉讼请求限制,参见最高人民法院[2017]最高法民终340号民事判决书。

存在当事人诉讼吸收行为诉讼的现象。也就是说,在原告提出确认行政协议无效的诉讼请求时,确认无效的理由涉及订立行政协议这一行政行为是否会因违法而撤销或无效的争议,则该诉讼请求实质上必然会吸收撤销该行政行为或确认该行政行为无效的诉讼请求。

第六项"请求判决行政机关赔偿或者补偿"的诉讼请求中,其中补偿请求应是行为诉讼的领域①,仅需以行政行为合法性审查为前提,应无异论,但赔偿就要区分情况。如果涉及行政行为合法性争议,诉讼请求是请求因行政行为违法造成的损害赔偿,则为行为诉讼;与此相对,如果诉讼请求是请求因行政机关行为违约造成的损害赔偿,则归于当事人诉讼。至于行政机关违法又违约造成同一损害时,将产生两诉讼请求的竞合,此点留待下文讨论。

第七项"其他有关行政协议的订立、履行、变更、终止等诉讼请求"属于兜底性规定,除了原告撤销、解除行政协议(原告终止协议的情形)本身为单纯的当事人诉讼外,原告对被告订立、履行、变更、解除等行为的争议均可能涉及当事人诉讼和行为诉讼两个层面,前已述及,此处不赘。

(2)诉讼规则的区分及漏洞补充

与诉讼请求的交缠不同,《协议解释》第10条按照两种诉讼的类型区分进行了举证责任的分配,被告原则上对行为诉讼中的合法性问题负举证责任,而合约性问题的举证责任则与民事诉讼的举证责任类同。不过第2款、第3款规定的列举尚难称已尽其全,例如被告非基于行政优益权的解除权行使、被告缔约过失等典型的当事人诉讼的情形,均不在第3款"对行政协议是否履行发生争议的"之列,此时除非依民事诉讼法进行漏洞补充,否则此处的举证责任规定无法涵盖合约性问题的全部。

与此相对,原则上法院对涉及合法性问题的关系进行全面审查,而

---

① 我国民法也有补偿请求权规定散落于无因管理、相邻关系之中,但在民事合同中并不存在。参见王轶:《作为债之独立类型的法定补偿义务》,载《法学研究》2014年第2期。

对涉及合约性问题的当事人诉讼则针对原告的诉讼请求进行审理。《协议解释》第 11 条同样区分了两者，但是第 2 款"原告认为被告未依法或者未按照约定履行行政协议的"的列举同样未尽完全，如上述被告非基于行政优益权的解除权行使、被告缔约过失等情形亦未涵盖，此处也唯有靠将来法院参照民事诉讼法进行漏洞补充。

诉讼期间的问题也与此类似。《协议解释》第 25 条在观念上也区分了两类诉讼规则，对当事人诉讼中的"公民、法人或者其他组织对行政机关不依法履行、未按照约定履行行政协议"依民事诉讼的诉讼时效确定，但对行为诉讼中的"行政机关变更、解除行政协议等行政行为"则依照行政诉讼法的起诉期限确定。不过这里的问题与上述举证责任及审理范围类似，此条前后段的列举各自都无法穷尽合约性争议和合法性争议。如果按照条文文意机械适用此条，很可能对行政机关协议履行行为超越法定职权问题适用诉讼时效，而对行政机关行使约定解除权要件不成立的问题适用起诉期限。① 因此，对诉讼期间的问题，也应按照两种诉讼类型区分的观念对此条进行重新扩张或限缩解释，区分清楚合约性与合法性问题。

（3）判决类型的选择

《协议解释》第 12 条至第 22 条用了最多的篇幅规定了判决类型与内容，大体上也有区分诉讼类型的观念隐于其后，但同样仍存在诸多交缠之处需要厘清。

第一，在行政协议的效力状态上，第 12 条第 3 款规定了"行政协议无效的原因在一审法庭辩论终结前消除的，人民法院可以确认行政协议有效"，显然有混淆争议行为违法性的行为诉讼和与争议行政协议

---

① 起诉期间与行政行为的不可争力相对应，从根本上与民事诉讼的诉讼时效有着不同的制度目的。参见〔日〕盐野宏：《行政救济法》，杨建顺译，北京大学出版社 2008 年版，第 67 页；柳经纬：《关于时效制度的若干理论问题》，载《比较法研究》2004 年第 5 期；孙鹏：《去除时效制度的反道德性——时效制度存在理由论》，载《现代法学》2010 年第 5 期。

效力的当事人诉讼之嫌。① 在行为诉讼中,法院会依照职权对行政行为的合法性进行全面审查,因此判决行政行为有效尚有可说,但对当事人诉讼而言,对无效事由除违法悖俗事由外,只能应诉而审。此处且不说确认有效之诉缺乏诉讼利益的问题,即使认可这种诉讼请求的存在,因为此时有效与否事关当事人利益,若当事人未提出全部与协议有效相关的诉讼请求,法院不可能不诉而审,因而无法超越当事人诉讼请求去依职权遍查所有无效事由后再确认协议有效。此时恰当的判决应该是驳回原告的诉讼请求,而非确认协议有效。②

第二是给付判决何时作出的问题。在当事人诉讼,给付判决一定是应诉而审、应审而判,民事合同中如果原告仅提出撤销、解除合同的形成之诉,而不同时提起返还、赔偿的给付之诉,法院最多也只能释明,而不能不经当事人的举证、辩论,直接作出给付判决。③ 即使在一般对单方高权行政行为的行政诉讼中,原告未提出赔偿或补偿的诉讼

---

① 此外,第13条第1款规定"法律、行政法规规定应当经过其他机关批准等程序后生效的行政协议,在一审法庭辩论终结前未获得批准的,人民法院应当确认该协议未生效",涉及作为行为组合的协议效力而非仅协议中具体行为的效力,这些判决类型显然都无法归于行为诉讼,但在当事人诉讼中同样也不存在这些判决类型。首先,当事人诉讼中不存在"确认该协议未生效"的判决类型,原告也不可能提起"确认协议未生效"的诉讼请求,如果是民事合同,一旦一审法庭辩论终结前仍未获得批准,则法院应确认不生效力。其次,未生效仅是法院判决前的效力待定状态,原告之所以要到法院去争讼,就是想确认协议确定无效,进而不需履行协议所订的义务,在此基础上并可能对被告请求损害赔偿。如果法院判决未生效,则意味着在判决之后还有生效的可能,那么原告去法院争讼则完全失去了意义。不过《协议解释》用"未生效"的表述,有可能是文字之误。在起草者的解说用语中,反而采用的是更为精确的"不发生效力"的表述,参见黄永维、梁凤云、杨科雄:《行政协议司法解释的若干重要制度创新》,载《法律适用》2020年第1期。

② 实践中存在确认有效判决,如陕西省咸阳市中级人民法院[2017]陕04行初字第107号行政判决书,但是此中同时还存在给付判决,此时理论上后者已经吸收了前者,不属于单纯的确认有效诉讼。

③ 《最高人民法院关于印发〈全国法院民商事审判工作会议纪要〉的通知》(法〔2019〕254号,简称《九民纪要》)第36条:"在双务合同中,原告起诉请求确认合同有效并请求继续履行合同,被告主张合同无效的,或者原告起诉请求确认合同无效并返还财产,而被告主张合同有效的,都要防止机械适用'不告不理'原则,仅就当事人的诉讼请求进行审理,而应向原告释明变更或者增加诉讼请求,或者向被告释明提出同时履行抗辩,尽可能一次性解决纠纷。"

请求,法院也同样不能依职权作出判决。① 但《协议解释》的第 15 条、第 16 条第 3 款、第 22 条等条文中,都存在就无效、撤销等确认之诉或形成之诉为返还、继续履行、损害赔偿等给付判决的问题。此时法院应谨守当事人诉讼的处分主义原则,限缩解释上述条文,限定在原告提出给付之诉的情形方得作出相应判决。

(二) 诉讼类型的融合

1. 给付之诉的中心化

如上所述,当事人诉讼与行为诉讼原则上需要分清,其从诉讼请求、举证责任、审理范围到判决类型均不相同。但是行政协议毕竟是一个整体,与单方行政行为的诉讼类型不同,原告无论对行为合法性还是合约性的争议,一般是希望被告继续履行行政协议或者进行损害赔偿。也就是说,行政协议诉讼将以给付之诉为中心,而一旦提起给付之诉,法院必然要审理前阶段的合法性与合约性问题,此时给付之诉将吸收作为当事人诉讼的确认之诉及形成之诉的诉讼请求,也将吸收作为行为之诉的形成之诉(撤销之诉)或确认之诉的诉讼请求。

因此,上文关于诉讼类型区分的论述,严格来说是区分当事人诉讼和行为诉讼的确认之诉及撤销之诉②,适用不同的诉讼规则。一旦原告提起给付之诉,除《协议解释》第 16 条规定的撤销基于行政优益权变更解除后的补偿之外——此时法院应仅依行为诉讼规则对行政行为进行全面合法性审查——法院只需要针对原告诉讼请求按当事人诉讼规则进行合约性审查,并对所涉行政行为按行为诉讼规则进行全面合法性审查即可。也就是说,只要以给付之诉为中心,法院实际区分两种诉讼类型分别适用不同诉讼规则的成本并不高。此时重要的配套,就

---

① 参见何海波:《行政诉讼法》,法律出版社 2016 年版,第 493 页。
② 这里要谨防将两种撤销之诉混搭在一起,行为诉讼中撤销的是被告行政机关的行政行为,而当事人诉讼中撤销的是整个行政协议,严格来说在民法理论上撤销的是原告的意思表示。二者并不存在融合的问题。但实践中已经有一些见解将二者混搭,参见程琥:《行政协议案件判决方式研究》,载《行政法学研究》2018 年第 5 期。

是尽可能增加释明规则,引导仅提出确认之诉或形成之诉的当事人尽可能提出给付之诉,一次性解决纠纷。

2. 给付之诉的请求权竞合

如果原告分别就行政行为和行政协议的其他法律关系提起确认之诉,此时因为诉讼标的不同,完全不可能产生竞合。但一旦原告提出给付之诉,就会有请求权竞合的问题。比如《协议解释》第15条第2款规定:"因被告的原因导致行政协议被确认无效或者被撤销,可以同时判决责令被告采取补救措施;给原告造成损失的,人民法院应当判决被告予以赔偿。"通常而言,协议无效和撤销后的赔偿都是信赖利益的赔偿,此时原告参照适用民事合同可以请求损害赔偿。但与此同时,也有可能是被告存在行政行为的合法性问题,此时原告也可以因此请求损害赔偿。

不过,不论何种赔偿,行政行为违法所导致的损害赔偿与前述信赖利益的赔偿指向的是同一损害,也即针对同一诉讼标的产生了诉讼请求的竞合,此种竞合类似民事诉讼中对同一损害侵权与违约均可主张的情形,故此处不妨让原告自主择一即可。①

3. 管辖原则的吸收

同样发生融合的还有行政诉讼的管辖问题。传统上民事诉讼原则上可以协议管辖,行政诉讼则与之相反,但行政协议诉讼有可能是单纯的当事人诉讼或行为诉讼,也有可能二者兼而有之。但机械地按照当事人诉讼与行为诉讼的不同管辖原则去区分二者,同一行政协议前后产生不同类型的争议,就可能在不同法院管辖进而必然分案处理,将徒增审理成本。因此《协议解释》第7条在协议管辖的问题上即从民事诉讼的管辖原则,基于行政协议诉讼为一整体的理念,即使涉及合

---

① 有关请求权竞合在民事诉讼中的处理方式,观点甚多,参见段厚省:《请求权竞合研究》,载《法学评论》2005年第2期。但《民法典》明确采择一说,第186条规定:"因当事人一方的违约行为,损害对方人身权益、财产权益的,受损害方有权选择请求其承担违约责任或者侵权责任。"

法性的行为诉讼,也允许协议管辖。

(三) 诉讼类型及判决的转换

不过在我国《行政诉讼法》规定行政机关无法提起诉讼的前提下,以上行为诉讼与当事人诉讼,包括从此衍生出的审理范围、判决类型的区分并不绝对,为保障行政机关所代表的公共利益,《协议解释》对上述区分也留下了一定的转换空间。以下讨论转换情形下的配套制度问题。

1. 当事人诉讼向行为诉讼的转换

公民、法人或其他组织未按照行政协议履行约定义务的情形,本应属于当事人诉讼的范畴,但因行政机关无法提起诉讼,《协议解释》在第24条分别规定了缔约行政机关和有监督权的行政机关作出决定的情形,等于以继续履行的高权行政处分替代了合意性的履行请求权。也因此,本应属于协议一方对另一方的当事人诉讼,就转换为行政协议中原告对被告的行为诉讼。

虽然这种转换解决了行政机关向相对人主张权利的问题,但是同样带来了一些不可避免的后遗症。首先,由于单纯的行为诉讼原则上仅审查行为的合法性问题,不审查合约性问题,因此如果转换后的行为诉讼要完全替代当事人诉讼,法院必定要借合法性之名来审查合约性问题,也就是说这里的诉讼标的不仅有高权行为的合法性,还有协议的履行请求权。否则若仅审查合法性而忽略合约性,将会使得行政机关滥作决定不受拘束。与此相应,对应合约性的审查,包括举证责任在内的诉讼规则也要作相应调整,比如令负有履行义务的原告按《协议解释》第10条第3款,就是否履行协议义务承担举证责任。

与此同时,在这种行为诉讼中既然包含协议履行请求权这一诉讼标的,自然也应当允许原告提起与之相关的诉讼请求如约定违约金的酌减、抵销(原本为当事人诉讼中的抗辩或反诉)等,以使得双方当事人的权利义务得以平衡。

不过需要注意的是,《协议解释》第 24 条规定虽然用这种转换解决了部分问题,但此条规定的行政机关可以作出决定的情形仅限于"要求其履行协议"(包括协议约定的违约金、定金等),并不及于损害赔偿与得利返还。① 因此,这种诉讼类型的转换仍有很大的局限。

2. 应诉而判向不诉而判的转换

(1) 就形成之诉为给付判决的情形

得利返还问题,部分尚可借助《协议解释》第 15 条来解决。

该条第 1 款规定,"行政协议无效、被撤销或者确定不发生效力后,当事人因行政协议取得的财产,人民法院应当判决予以返还;不能返还的,判决折价补偿",也就是说,不论原告有无提起返还的给付之诉,法院均应作出给付判决令原被告之间均应相互返还。换言之,行政机关不需要提起诉讼就可以得到给付判决。当然这里有问题的是,原告本可以提起给付之诉,为何法院要不诉而判? 一个合理的解释,就是维持双务合同返还关系的平衡。② 也就是说,如果对被告行政机关可以无诉而判,那对债务内容有牵连关系的原告也应超越其诉讼请求,作出给付判决。③

不过需要注意的是,即使有这样的规定,也无法完全解决返还问题。撤销或无效后的返还性质,在我国民法学理论上争议甚大④,但无论持何种观点,原物不存的情况下返还的性质就是不当得利,而不当

---

① 从合同法的法理而言,履行请求权是以合同有效存在为前提,损害赔偿与返还恰以履行不能为前提,两者是相互排斥的,因此无法解释入"要求其履行协议"的文意中。参见韩世远:《合同法总论》,法律出版社 2018 年版,第 766 页以下。

② 原《合同法》并未明确规定返还中的牵连关系,但是《九民纪要》在第 34 条对此问题予以了规定:"双务合同不成立、无效或者被撤销时,标的物返还与价款返还互为对待给付,双方应当同时返还。关于应否支付利息问题,只要一方对标的物有使用情形的,一般应当支付使用费,该费用可与占有价款一方应当支付的资金占用费相互抵销,故在一方返还原物前,另一方仅须支付本金,而无须支付利息。"

③ 当然,这只是笔者善意的解读,并未见起草机关在相关说明中表达类似意见。

④ 崔建远:《解除权问题的疑问与释答》(下篇),载《政治与法律》2005 年第 4 期;崔建远:《解除效果折衷说之评论》,载《法学研究》2012 年第 2 期;韩世远:《合同法总论》,法律出版社 2018 年版,第 672 页以下。

得利就必然涉及得利人善恶意情形下返还范围不同的问题。① 如果是当事人诉讼,善恶意需要双方当事人举证、辩论,但是在不诉而判的情形连举证都不存在,法院除非依职权调查,否则就无法确定返还范围。由此可知,就形成之诉为给付判决虽然能解决相对人向行政机关返还的问题,但是其局限性仍是可见的。

与此相对,赔偿问题就更是个死结。第15条第2款关于赔偿的规定袭自《行政诉讼法》第76条的规定:"人民法院判决确认违法或者无效的,可以同时判决责令被告采取补救措施;给原告造成损失的,依法判决被告承担赔偿责任",但即使是对单方的高权行政行为,涉及赔偿也需要依法也即应原告诉讼请求进行审理和判决,《协议解释》第15条第2款却在上述条文加上了"应当"二字,使得原告不必提起诉讼请求即可获得损害赔偿的给付判决,其理何在,可说是疑义非常。更重要的是,该款规定局限于"因被告的原因导致行政协议被确认无效或者被撤销"的情形,完全没有解决行政机关无法诉请相对人赔偿的问题。

当然,与不当得利返还范围一样,在行政协议中无论是信赖利益赔偿还是履行利益赔偿,都是以金钱赔偿方式为之,故确定赔偿范围也本需法院在当事人举证的基础上去审理确定。因此即使勉强规定赔偿可以不诉而判,如果没有举证责任来配套,此类规定仍将是一纸空文。

由此可知,《协议解释》第15条用就形成之诉为给付判决的方式,仅能在协议撤销无效而双方原物仍存在这一种情形下,解决行政机关不能诉请返还的问题。至于撤销无效后其余情形的返还及赔偿,以及协议解除后的赔偿与返还,都在此制能解决的问题之外。②

(2)确认之诉的判决扩张

不诉而判的另一种情形,是确认之诉的判决扩张。

---

① 参见王泽鉴:《不当得利》,北京大学出版社2015年版,第257—275页。
② 相似见解参见于立深:《行政契约履行争议适用〈行政诉讼法〉第97条之探讨》,载《中国法学》2019年第4期。

上文业已论及,在《协议解释》第 9 条第 3 项"请求判决确认行政协议的效力"这一诉讼请求中,有可能是被告订立行政协议这一行政行为违法,此时原告若提起确认行政协议无效的诉讼请求,实质上必然会吸收撤销该行政行为或确认该行政行为无效的诉讼请求。但如果原告仅提出确认订立行政协议这一行政行为无效的诉讼请求,而不提确认行政协议无效的诉讼请求,理论上法院应该尊重原告的处分权限,不应超越其诉讼请求审理和判决。

但如果订立行政协议这一行政行为确已无效,则行政协议失去一方要约或承诺的意思表示,将溯及性地归于不成立而无效(不生效力)。而且在此种情形下,订立行政协议这一行政行为已确定无效而无法补正①,因而行政协议也就确定无效,所以即使当事人仅提起确认订立行政协议的行政行为无效这一诉讼请求,此时应可例外地容许法院扩张确认判决的范围,按《协议解释》第 12 条第 1 款直接判决确认行政协议无效。②

3. 特殊类型抗辩的认可

最后要谈的,是抗辩主张及抗辩权行使的问题。《协议解释》第 18 条规定,"当事人依据民事法律规范的规定行使履行抗辩权的,人民法院应予支持",此处抗辩权应该理解成广义的抗辩与抗辩权的行使,否则如果原告提起因欺诈而撤销协议之诉,被告连原告的主张都不能抗辩,难合于基本法理。③

---

① 撤销之诉的情形与此不同,按《行政诉讼法》第 70 条,撤销之诉因为还可能重新作出行政行为,因此只要另一方要约有效,还有重新成立行政协议的可能,故不能径行判决。

② 不过《协议解释》第 12 条第 1 款"行政协议存在行政诉讼法第七十五条规定的重大且明显违法情形的"规定并不清晰。上文已论及,行政协议包括多个行政行为,此处应该是指的构成要约或承诺的行政行为,否则如果解除、履行等行为重大且明显违法,都还不足以将行政协议予以无效。另外,上文也提及,此处最好的方式应该是连同无效后的给付之诉一同释明。

③ 民法上有时也将诉讼抗辩与实体抗辩混用,比如原《合同法》第 67 条先履行抗辩就规定在同时履行抗辩权与不安抗辩权之中。两者区别参见朱庆育:《民法总论》,北京大学出版社 2016 年版,第 516—517 页。

但民事规范中的抗辩有些实质上会有反诉的效果，如诉讼中的抵销抗辩。① 假设行政机关与某企业既签订了矿业权出让协议，又签订了符合《最高人民法院关于适用〈中华人民共和国行政诉讼法〉若干问题的解释》第 1 条规定的政府与社会资本合作协议，两协议中价金给付之债均已到期但双方均未结算②，后该企业因后一协议向法院提起诉讼，要求行政机关给付后一协议的价金，此时行政机关是否可以基于前一协议中企业价金之债亦未给付，提出抵销抗辩？这种抵销抗辩实质上有反诉的效果，法院此时应对前一协议进行实体法律关系的审查，最后的判决也对前一协议的法律关系有既判力。

如果从《协议解释》规定单方高权行政行为取代履行请求，以尽可能填补行政机关无法提起诉讼这一漏洞的理念出发，那么也应该允许行政机关提出这种有反诉效果的抗辩。

四、结　　论

回顾我国行政协议进入司法实务的历史，从单方行政行为的概念出发，经由诉讼法突围的轨迹历历可见。这种历史轨迹的惯性，使得《协议解释》从诉讼请求到判决方式的规定整体大规模地承袭单方行政行为的诉讼规则。而我国行政机关无法提起诉讼的传统，又使得行政协议在诉讼之中偏向一侧，进一步强化了行政协议诉讼中的从单方行政行为习来的诉讼规则。同时，由于行政协议实体规范的缺失，使得《协议解释》立法者在起草过程中的大量精力，都投入到了可以反推

---

① 诉讼中的抵销应是以反诉还是抗辩来提，在民事诉讼法上存在争议，参见耿林：《诉讼上抵销的性质》，载《清华大学学报（哲学社会科学版）》2004 年第 3 期。《九民纪要》第 43 条规定"抵销权既可以通知的方式行使，也可以提出抗辩或者提起反诉的方式行使"，同时认可反诉与抗辩两种方式。

② 这在是我国的特殊问题，因为法定抵销需要同种类同品质的到期债权存在，其他国家基本不会把矿业权出让这种协议当成是行政协议，因而也就没有金钱这种同种类同品质债务。

出实体规定的程序规定中。

以上几个原因的综合作用,使得当事人诉讼的诉讼规范在《协议解释》中并未获得足够的重视,始终与传统行政行为的行为诉讼相互交缠,从而造成《协议解释》中诸多条文诉、审、判之间的杂糅与错位。① 既然行政协议在实体上借鉴了民事合同的法技术,那么在诉讼规则上就不应该对民事诉讼中的当事人诉讼规则截源断流。行政协议诉讼首先应在区分行为诉讼和当事人诉讼这两种诉讼类型的前提下,对《协议解释》的规则进行归类整理,使合法性审查的诉讼规则与合约性审查的诉讼规则清晰分别。在此基础上,应再以给付之诉为中心考虑两种诉讼类型在行政协议中的整合,以请求权竞合、释明等进行技术性的一体处理,以消解两种诉讼类型区分可能导致的龃龉。

当然,为了解决我国行政机关无法提起诉讼的问题,《协议解释》采用了变当事人诉讼为行为诉讼、扩张判决范围等多种方式。但如上文分析所及,即使将这些制度用至其极,行政机关所代表的公益仍无法得到完整的保护,而以牺牲公共利益来换取行政活动的多样化,绝非行政协议制度设计者的初衷。这些问题要得到彻底的解决,唯一的方法就是建立起双向诉讼的制度,让行政机关也能作为原告进入诉讼程序之中。② 事实上,面对现代社会行政活动的过程化和多样化,行政已越来越走向不同行为与制度的组合,如果行政实体法的学理能更进

---

① 此外,因为本属于当事人诉讼的履行问题变为高权行政,《协议解释》在对相应行政法规范进行传抄时也恐有错漏。如涉及执行问题的第 24 条,以"经催告后不履行"为行政机关作出决定的前提条件,但《行政强制法》仅在"行政机关强制执行程序"中规定了行政机关作出强制执行决定必须以催告不履行为前提,《协议解释》第 24 条的两款规定均为"申请人民法院强制执行",作出决定并不需以催告为前提。当然,按《行政强制法》第 54 条,作出行政决定的行政机关也需要催告,不过这是申请法院强制执行的前提条件,而非作出决定的前提条件。换言之,无论行政机关或者法院来执行,只需要进行一次催告即可。然而,按目前《协议解释》第 24 条的规定,行政机关作出决定前就要催告,依《行政强制法》第 35 条行政机关在申请法院执行前要再催告一次。姑且不言《协议解释》此条形式上无法可本,实质上如此耗费公共资源重复催告意义何在,也让人殊为不解。

② 参见刘飞:《行政协议诉讼的制度构建》,载《法学研究》2019 年第 3 期;于立深:《行政契约履行争议适用〈行政诉讼法〉第 97 条之探讨》,载《中国法学》2019 年第 4 期。

一步,跳出以行政高权行为为中心的教义学建构,转而与民事实体法一样采取以法律关系为中心的体系建构①,那么相应地行政诉讼也就会全面关系化,届时行为诉讼与当事人诉讼,也就不过是全面的关系之诉之下不同的子类型而已。

综合医院遇到医学上的难题,常会启用跨科室的会诊制度。会诊之所以可能成功,是因为医学有共通的技术语言,内外科在最原子化的基本概念上是一致的——面对越是复杂交叉的问题,不同部分就越是要切割清晰,基本概念就越是要统一,这样可能的组合才能更多元,也更贴合实际。医学如是,法学宁不如是乎?对行政协议这样的部门法交叉领域来说,不同领域的不同理念只有归于共通的技术语言,才能实现有效的对接与交流。② 从这个意义上说,构筑不同部门法之间的沟通基础,又岂止是为解决眼前的行政协议这个行政法课题而已?

---

① 参见赵宏:《法律关系取代行政行为的可能与困局》,载《法学家》2015 年第 3 期。
② 相关讨论,参见苏永钦:《法域介面解释学》,载《法令月刊》2018 年第 6 期;陈天昊:《行政协议的识别与边界》,载《中国法学》2019 年第 1 期。

后记　民法学的多元颜色

这本著作的完成者只有我一人，但成就它的因缘却有无数。

2005年的秋季，南京大学法学院本科生读书会在浦口校区的法学院资料室开张。在那个学期，我记得解亘老师为我们先后开出的两份阅读资料，一份是《日本的民法解释学》，一份是《私法自治中的国家强制》。从这一书一文中，我开始了解缠绕继受民法学的一些元问题，接触到管制与自治在现代民法中的辩证关系。今日回头想来，展示在本书中的学术兴趣，可能早在那个时候就隐隐埋下。

从南大本科毕业之后，我就负笈东瀛，后来又辗转去到台北，先后在两地完成我的硕博士学业。在日本的留学岁月，让我有机会进一步了解到日本独特的继受法学形成与发展历史，这段学习经历让我相信，日本的法学并非对德国或者美国的复制，一向习于继受先进文明的日本在对"继受"的厘清中，有着清晰的"说明他者、建立自我"的意识。当我渐渐读懂平井宜雄教授少一字则义阙，长一言则辞妨的开辟之作时，我知道以他为标志，日本的民法学界终于走完了继受法学的曲折路。

当然，中国和日本有着相异的国情，两国的学人也有不同的风格气象，但日本在这条路上遇到的种种陷阱与机关，却足以为我们警醒。这正是为什么我在民法教义学或者说德式民法教义学一边倒、甚至非教义学作品似已不入流的时代，还是愿意投入心力从继受法学的角度进行写作的原因——无论广义的法学还是狭义的法教义学都不是数学，法教义学的功能、法学教育的方式乃至学术研究的模式与既定的司法制度、规范的疏密前提乃至社会本身的历史阶段切切相关，缺少这些观察视角,盲目继受某国某域的法学模式可能并非自救的良方,而是自戕的凶器。日本法学上世纪继受错误的斑斑历史,是以累累错判为代价的,今日位列学术殿堂甚或庙堂之上的衮衮诸公,下笔之时岂可不慎乎?

在台湾地区的读博生涯,让我更加深刻地了解到,日本不是唯一的继受法学模式,但是要想摆脱继受时期,首先只有承认和面对这个阶段,然后才可能有所超越。以苏永钦老师和陈自强老师为例,他们各自多年的努力之所以在质上取得了超越一般学者的成就,也是因为他们在对继受法了解的基础上更有对其相对化的能力,而不仅仅是具有超越的意识而已。

博士阶段在台湾地区开启的另一段旅程,是对公法的兴趣。说实话,除了博士论文的写作以外,在台北的大部分时间里我读的都是与公法和政治学相关的著作,相比于古老的技术性的民法,公法不仅要从社会科学吸收给养,又要从私法借取成熟技术,最后还要规训公权力、支撑私法的运行,公法的勃兴给法学带来的,在某些层面上是对法学方法论的整体冲击。虽然在毕业后就入职浙江大学民商法研究所,从此只从事民法的教学,但我总还会自觉不自觉地打开民法古堡的窗户,去探看一下公法日新月异的发展。

在今日民法教义学的主流看来,我的这些研究都算是歧出的异色,所以我就借着后记一陈以上因由,感谢一直以来赋予我思想与灵感的老师与同仁,感谢诸多法学期刊对这种异色的包容之心。如果再给自己加上一句辩护词的话,我想说,纯粹的民法教义学当然是民法学必不可少的"原色",但从大民法学的角度来看,我们不应该忽略继受法学这一过往的底色,同样也必然要积极面对公私法的接轨这种未来的混合色。

我不知道这本小书会有幸呈于多少学界同仁与未来人的眼前,书中的错讹之处都是我的文责,真心希望得到诸位的批评与指正,更希望有更多的同道同志,能一道来涂画出中国民法学的多元颜色。

章 程
辛丑季春吉日于月轮山麓